ME BELISCA!

sete histórias filosóficas para crianças

SAMIR THOMAZ

ME BELISCA!

sete histórias filosóficas para crianças

Ilustrações: Maira Chiodi

1ª edição
2016

MODERNA

© SAMIR THOMAZ, 2016

COORDENAÇÃO EDITORIAL: Lisabeth Bansi

ASSISTÊNCIA EDITORIAL: Patrícia Capano Sanchez

PREPARAÇÃO DE TEXTO: José Carlos de Castro

COORDENAÇÃO DE EDIÇÃO DE ARTE / PROJETO GRÁFICO: Camila Fiorenza

ILUSTRAÇÕES: Maira Chiodi

DIAGRAMAÇÃO: Cristina Uetake

COORDENAÇÃO DE REVISÃO: Elaine Cristina del Nero

REVISÃO: Andrea Ortiz

COORDENAÇÃO DE ICONOGRAFIA: Luciano Baneza Gabarron

PESQUISA ICONOGRÁFICA: Rosa André, Maria Magalhães

COORDENAÇÃO DE BUREAU: Américo Jesus

TRATAMENTO DE IMAGENS: Denise Feitoza Maciel, Fabio N. Precendo

PRÉ-IMPRESSÃO: Alexandre Petreca

COORDENAÇÃO DE PRODUÇÃO INDUSTRIAL: Andréa Quintas dos Santos

IMPRESSÃO E ACABAMENTO: Forma Certa Gráfica Digital

LOTE: 788238

COD: 12098230

Letra da página 16: © O conto do sábio chinês/ Raul Seixas
Warner Chappel Edições Musicais Ltda.
Todos os direitos reservados.

Dados Internacionais de Catalogação na Publicação (CIP)
(Câmara Brasileira do Livro, SP, Brasil)

Thomaz, Samir
    Me belisca!: sete histórias filosóficas para crianças /
Samir Thomaz. – 1. ed. – São Paulo: Moderna, 2016.

    ISBN 978-85-16-09823-0

    1. Crianças e filosofia 2. Literatura infantojuvenil
I. Título.

15-06715   CDD-028.5

Índices para catálogo sistemático:
    1. Literatura infantil   028.5
    2. Literatura infantojuvenil   028.5

EDITORA MODERNA LTDA.
Rua Padre Adelino, 758 – Belenzinho
São Paulo – SP – Brasil – CEP 03303-904
Vendas e Atendimento: Tel. (11) 2790-1300
www.modernaliteratura.com.br
2023
Impresso no Brasil

Para minhas sobrinhas Camila Barros e
Gabriela Barros, que desde cedo transitam
na atmosfera do pensamento e das palavras.

"Acho que penso, logo, acho que existo."
(Ambrose Bierce, escritor norte-americano)

SUMÁRIO

BALTAZAR, 53

Tema: Senso comum

Filósofo: Platão

Aprendendo a olhar o mundo
como se fosse a primeira vez

O RITUAL, 64

Tema: A virtude
Filósofo: Aristóteles
Um ser virtuoso está em
sintonia com o mundo

NA FEIRA, 77

Tema: O trabalho

Filósofo: Karl Marx

O trabalho nasceu com a humanidade,
mas nem sempre foi humano

Fim de papo – ou
começo de outro, **87**

APRESENTAÇÃO

PENSAR: UM BRINQUEDO NOVO

Neste livro, você vai ler sete histórias e, por meio delas, conhecer as ideias de alguns filósofos.

Filósofos são pessoas que vivem admiradas com as coisas do mundo e gostam de fazer perguntas sobre elas. Assim como existem pessoas que gostam de andar de bicicleta, de viajar, de passear com o animal de estimação, de jogar conversa fora com os amigos, de jogar *videogame*, de praticar esportes, os filósofos gostam de pensar.

Não que eles não curtam fazer algumas dessas outras coisas também. Apenas eles se dedicam, mais do que os outros, a questionar a origem e a natureza das coisas: por que elas existem; por que nascem, crescem e morrem; de que são feitas; por que umas se transformam enquanto outras são sempre do mesmo jeito; entre outras indagações.

Os filósofos adoram esta expressãozinha: "por quê?". Para eles, não basta saber que as coisas existem. Eles precisam descobrir a razão de ser de cada coisa, de cada ser, de cada atitude, de cada acontecimento. Outra palavrinha de que eles gostam muito é "razão". Para os filósofos, se não houver uma explicação, uma justificativa, uma razão, não é filosofia.

Filosofia é uma palavra que você vai começar a ouvir aqui e ali, mas não se preocupe com ela por enquanto. Afi-

nal, você tem um mundo de coisas para descobrir, amigos com quem compartilhar as novidades, histórias para conhecer, contadas pelos adultos, vistas nos filmes ou lidas nos livros e nas HQs.

Neste livro, por exemplo, você vai conhecer um menino que não sabia para onde a noite ia quando ele se deitava para dormir; duas garotas que fazem uma coisa proibida e depois morrem de medo de serem descobertas; um garoto que fica intrigado ao saber que duas pessoas morreram abraçadas no tempo das cavernas; uma garota indecisa entre o certo e o errado; um garoto que fica surpreso ao descobrir que o mendigo do seu bairro já foi criança um dia; um homem que realiza um gesto virtuoso uma vez por semana sem que ninguém saiba; e um menino que sente orgulho ao ganhar seus primeiros trocados.

Me belisca! – Sete histórias filosóficas para crianças não pretende ensinar a você o que é filosofia. Mas mostrar como a filosofia está em cada brincadeira, em cada descoberta, em cada sentimento, em cada coisa que você pensa ou imagina. E então um dia talvez você perceba que a filosofia é tão presente na sua vida como a água que você bebe ou o ar que respira. Você não precisa pensar na água ou no ar para viver, precisa?

O SUSTO

Pedrinho nunca tinha parado para pensar na noite. Até o dia em que teve que acordar bem cedo para ir ao médico com seus pais.

Até então, a noite era simplesmente o fim do dia. Quer dizer, o fim daquele período que começava quando ele acordava para tomar banho e ir para a escola e terminava quando ele ia dormir. Ele nunca tinha se preocupado em saber para onde a noite ia depois que ele pegava no sono, porque na manhã seguinte ele podia ver o dia claro pelo vitrô da sala e era isso o que importava.

No dia em que teve que ir ao médico, Pedrinho acordou mais cedo do que quando tinha que ir para a escola. E tomou um grande susto quando olhou pelo vitrô e não viu a claridade do Sol: estava tudo escuro lá fora!

O susto foi tão grande que o sono que ele sentia, que era maior do que o sono de quando ele tinha que ir para a escola, foi embora num instante.

A primeira coisa que ele pensou foi que seus pais haviam se enganado. A consulta médica estava marcada para o dia seguinte de manhã, não para aquela noite. Até pensou em avisá-los, mas eles estavam tão agitados – o pai já tinha

tomado banho e colocava o lixo para fora, a mãe preparava a roupa que ele ia usar – que ele resolveu entrar logo no banho sem dizer nada.

Foi o banho mais pensativo e demorado da sua vida. Enquanto se ensaboava, tentava entender por que ele tinha que ir ao médico à noite. Foi tão demorado aquele banho que sua mãe teve que bater na porta três vezes e seu pai outras duas para que ele desligasse o chuveiro. E ele ainda demorou um pouco mais pra se enxugar, de tão confuso que estava.

Quando resolveu sair do banheiro, ao passar pela sala e olhar pelo vitrô, tomou outro susto: já não era mais noite, mas dia claro. A luz da manhã era tão intensa que ofuscou seus olhos e seu pensamento. "Será que estou sonhando?", ele se perguntou. E antes que ordenasse o pensamento, ouviu sua mãe, já no limite da paciência:

– Veste logo essa roupa, menino!

Foi naquele instante, enfiando as pernas na calça, colocando as meias e abotoando a camisa, que Pedrinho descobriu a existência da madrugada.

Tema: Dúvidas e certezas

Pedrinho é como a maioria das pessoas: tem muitas certezas. Essas certezas vêm da existência das coisas próximas e das coisas distantes que o cercam. Coisas que ele pode ver, ouvir, tocar, cheirar, saborear.

Coisas que são <u>próximas</u> de Pedrinho:

Coisas que são <u>distantes</u> de Pedrinho:

As certezas e as dúvidas são nossas companheiras inseparáveis. Basta ver o que aconteceu com Pedrinho. Ele foi da certeza à dúvida num instante!

Isso já aconteceu com você?

Você pode achar que ter dúvidas é algo ruim. É tão bom viver cercado de certezas, não é?

Ter dúvidas, porém, nos faz crescer e aprender com o mundo. As pessoas curiosas vivem cheias de dúvidas.

Agora você vai conhecer o primeiro filósofo deste livro, chamado René Descartes.

René Descartes (1596-1650) nasceu na França. A pronúncia do seu segundo nome é "Decarte', sem pronunciar as letras *s*. Ele era um garoto franzino e frágil, e desde muito cedo resolveu procurar a verdade nos livros. Ao se formar, aos dezesseis anos de idade, se dizia frustrado por ainda não ter encontrado a tal da verdade. Passou então a duvidar de tudo como um jeito próprio de buscar as coisas. Ele deu o nome de *método* a essa forma de busca. Sua obra mais importante, aliás, se chama justamente *Discurso do método*.

Dizem que Descartes gostava de dormir até o meio-dia. Olha que folgado! Como morava num lugar frio, seu principal passatempo era ler e escrever próximo à lareira. Foi ali que ele teve suas grandes ideias e escreveu seus principais livros.

Esse pensador francês usou e abusou da dúvida. Ele duvidou de tudo, até da sua própria existência, para encontrar a verdade.

Já imaginou alguém que duvida que ele próprio existe? É muita viagem, não é mesmo? Mas os filósofos são assim. Eles pensam coisas nas quais ninguém costuma pensar.

Você não vai acreditar, mas, além da sua própria existência, Descartes duvidou também da existência das coisas e das pessoas ao seu redor. Ele achava que podia estar dentro do sonho de alguém ou que ele mesmo pudesse estar sonhando.

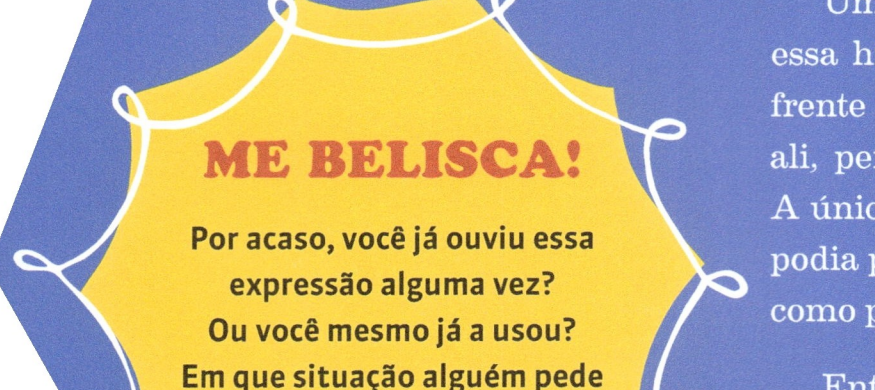

ME BELISCA!

Por acaso, você já ouviu essa expressão alguma vez? Ou você mesmo já a usou? Em que situação alguém pede para ser beliscado?

Um dia, Descartes resolveu tirar essa história a limpo. Ele sentou em frente à lareira da sua casa e ficou ali, pensando. Então teve um estalo. A única certeza que ele tinha era que podia pensar. Afinal, se não pensasse, como poderia duvidar?

Então, disse sua frase mais famosa:

"PENSO, LOGO EXISTO!"

Olha só, Descartes se descobriu como um ser pensante. Sabe o que isso significa? Que seu corpo podia ser uma ilusão, mas que ele existia como pensamento.

É NÓIS!

Se Descartes vivesse hoje em dia, ele teria uma carteira de identidade, o famoso RG. Mas, no caso dele, será que isso adiantaria muito?

E NO SEU CASO: VOCÊ ACHA QUE SEU DOCUMENTO DE IDENTIDADE É SUFICIENTE PARA PROVAR QUE VOCÊ É VOCÊ MESMO?

TUDO A VER!

Interessante que, para muitas pessoas, existir só faz sentido quando realizam determinada atividade. Pedalar, viajar, jogar *videogame*, ler, praticar esportes, conversar com os amigos, ouvir música, nadar, curtir a balada... Quem não tem uma coisa que o faz se sentir superfeliz?

O QUE FAZ VOCÊ SE SENTIR EXISTINDO?

PARA SABER MAIS

A PALAVRA *CARTESIANO* TEM ORIGEM NO NOME LATINO DE DESCARTES, QUE ERA CARTESIUS. *CARTESIANA* É AQUELA PESSOA QUE GOSTA DE PLANEJAR AS COISAS, QUE É DETALHISTA, CUIDADOSA, QUE NÃO ACEITA RESPOSTAS MUITO SIMPLES OU PRONTAS, MAS DUVIDA DELAS.

VOCÊ CONHECE ALGUÉM ASSIM?

Muitas letras de rock dão o que pensar. O roqueiro Raul Seixas, que ficou muito conhecido lá nos anos 1970 e 1980 e é cultuado até hoje, compôs muitas músicas que falam do ser humano, da vida, dos mistérios do Universo. *O conto do sábio chinês* é uma delas.

Leia a letra a seguir e, se possível, procure a canção na internet. Depois diga: o que essa letra tem a ver com as ideias de Descartes?

O CONTO DO SÁBIO CHINÊS

Era uma vez um sábio chinês
que um dia sonhou que era uma borboleta
voando nos campos, pousando nas flores
vivendo assim um lindo sonho

Até que um dia acordou
e pro resto da vida uma dúvida o acompanhou

Se ele era um sábio chinês
que sonhou que era uma borboleta
ou se era uma borboleta
sonhando que era um sábio chinês

Raul Seixas

Repare bem neste quadro. Ele pertence a um movimento artístico chamado *Op art*.

Nos quadros da *Op art*, as formas parecem se movimentar, como se o quadro estivesse se mexendo. Não é incrível?

Essa ilusão de ótica desafia nosso intelecto, como se o pintor nos dissesse: está vendo, nem tudo o que vemos é exatamente do jeito que pensamos.

Se você comparar, é mais ou menos a mesma ilusão que o nosso personagem Pedrinho teve com a madrugada, lembra?

© Ian Evans/Alamy/Latinstock

PARA SABER MAIS

OS QUADROS DA *OP ART* EM GERAL SÃO COMPOSTOS DE FORMAS GEOMÉTRICAS, CORES, ESPAÇOS, LINHAS E CURVAS. ESSE É UM TIPO DE ARTE CHAMADA DE *ABSTRATA*. É DIFERENTE DE QUADROS COM FIGURAS, PESSOAS, PAISAGENS OU OBJETOS, QUE REPRESENTAM UMA ARTE DENOMINADA *FIGURATIVA*.

ATIVIDADES

1. E você, também tem suas certezas? E dúvidas? Crie uma tabela em seu caderno com duas colunas e quatro linhas. No topo da primeira coluna escreva CERTEZAS; no topo da segunda, DÚVIDAS. Faça um quadro como esse no seu caderno e escreva 3 certezas e 3 dúvidas que você tem. Veja o modelo da tabela.

CERTEZAS	DÚVIDAS

2. Agora, que tal testar suas certezas? Responda às perguntas a seguir explicando suas respostas.

a) Quando você vê raios no céu, o que espera que aconteça em seguida?

b) Você está com este livro aberto nas mãos, olhando as palavras e as ilustrações. Quando o abriu, você tinha alguma dúvida se as palavras e as imagens estariam nele?

c) Por que você vê o Sol tão pequeno, se ele é milhões de vezes maior do que a Terra?

3. Você acha que devemos confiar em tudo o que vemos? Por quê?

– Aperta você.

– Não, você aperta.

– Por que eu? Você é que teve a ideia.

Bia olhou para os dois lados da rua, meio escura àquela hora da noite. Chegou a estender o braço na direção da campainha, mas recuou. Não achou justo.

– E você, não faz nada?

– Eu estou aqui, Bia – disse Lia, segurando a mão da amiga.

– Só isso?

– Você acha pouco?

– Acho. Eu também estou aqui. Só que fui eu que tive a ideia.

– Se você teve a ideia, nada mais justo que você aperte. Além do mais, ter ideia não dá trabalho.

– Como não?

– Shhhh... – sussurrou Lia de repente. – Sujou. Vem vindo alguém.

Bia virou-se e viu Cícero, o entregador de água do bairro, que mora na esquina. Empurrava a bicicleta de modelo antigo, seu instrumento de trabalho.

As duas disfarçaram, fingindo descontração. Não queriam cumprimentar o rapaz, mas não teve jeito.

Assim que Cícero se distanciou, as duas retomaram a conversa:

– O combinado não era que você apertaria e eu daria cobertura? – insistiu Lia.

– Você não está dando cobertura coisa nenhuma – resmungou Bia. – Só está aqui, do meu lado...

– Nossa, Bia, não sabia que você era tão medrosa!

– Medrosa, eu? Olha quem diz...

– Deu a ideia e agora dá para trás...

– Ah, é? – enfezou-se Bia. – Então tá!

Sem que Lia esperasse, a outra esticou o braço por cima do portão e, com o polegar, apertou a campainha demoradamente. O aparelho era do tipo cigarra, estridente:

– Tóóóóóóóóóóóóóóóóóóóóóóóóóóóó!!!

Lia congelou por um instante.

– Sua louca!

Com um riso nervoso, logo entenderam que agora só havia uma coisa a fazer: correr.

Dobraram a rua atropelando o riso com a falta de fôlego. Só pararam no portão da Lia, que tinha uma pequena área onde podiam se esconder.

Assim que recobrou o fôlego, Bia cobrou da amiga:

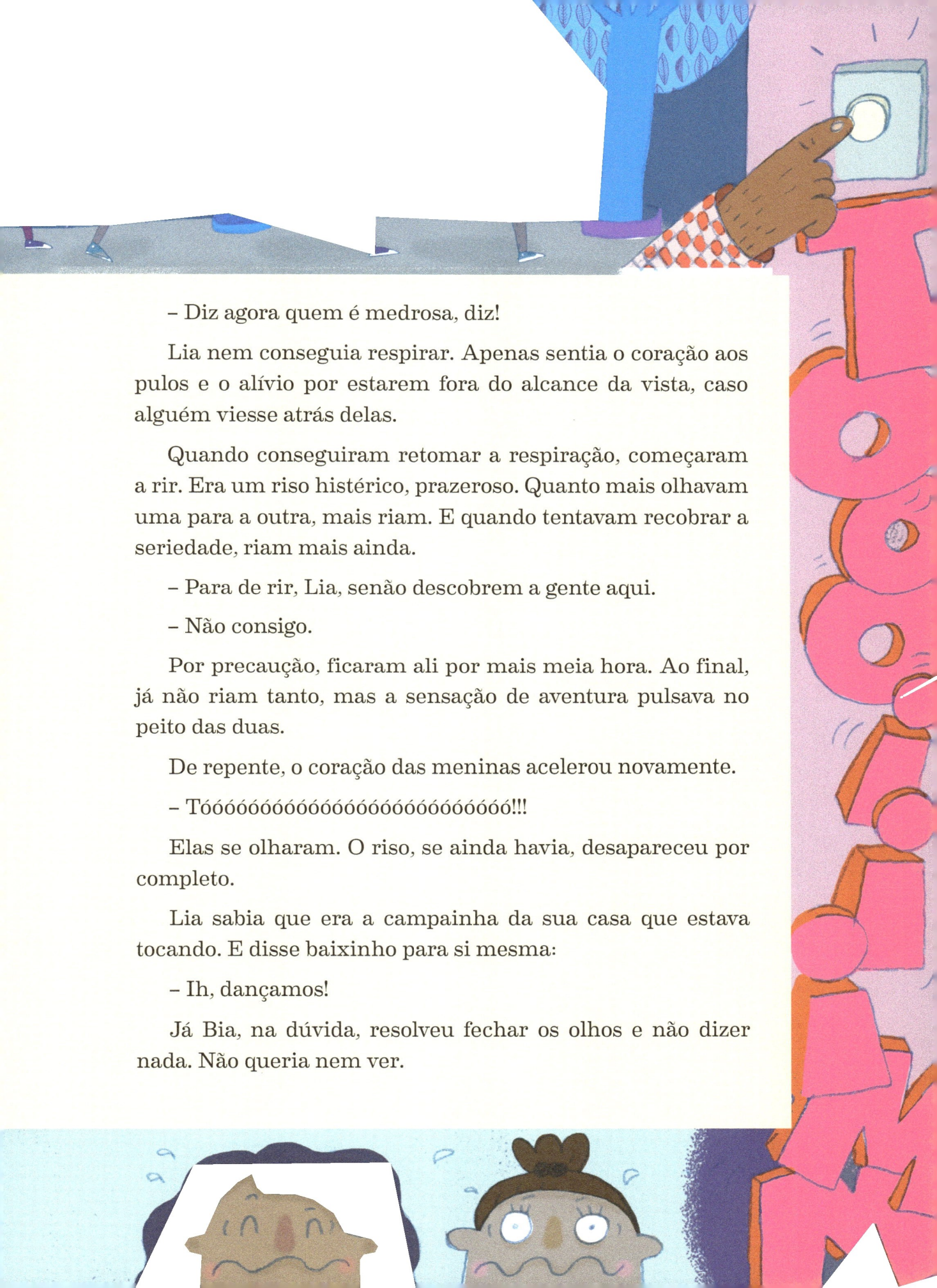

– Diz agora quem é medrosa, diz!

Lia nem conseguia respirar. Apenas sentia o coração aos pulos e o alívio por estarem fora do alcance da vista, caso alguém viesse atrás delas.

Quando conseguiram retomar a respiração, começaram a rir. Era um riso histérico, prazeroso. Quanto mais olhavam uma para a outra, mais riam. E quando tentavam recobrar a seriedade, riam mais ainda.

– Para de rir, Lia, senão descobrem a gente aqui.

– Não consigo.

Por precaução, ficaram ali por mais meia hora. Ao final, já não riam tanto, mas a sensação de aventura pulsava no peito das duas.

De repente, o coração das meninas acelerou novamente.

– Tóóóóóóóóóóóóóóóóóóóóóóóóóóóóó!!!

Elas se olharam. O riso, se ainda havia, desapareceu por completo.

Lia sabia que era a campainha da sua casa que estava tocando. E disse baixinho para si mesma:

– Ih, dançamos!

Já Bia, na dúvida, resolveu fechar os olhos e não dizer nada. Não queria nem ver.

Tema: O proibido

Você sabia que a brincadeira de apertar a campainha e sair correndo é muito conhecida? A maior parte dos adultos já a praticou. E sem que eles se dessem conta, estavam aprendendo que o mundo é feito de coisas que podemos fazer e coisas que não devemos fazer.

Como assim?

Coisas que podemos fazer:

Coisas que não devemos fazer:

Você já reparou que as primeiras proibições começam com coisas muito simples, dentro de casa? Por exemplo: não encostar o dedo na tomada, não dormir sem escovar os dentes, não demorar no banho, não ficar só vendo televisão ou não passar o dia todo na internet.

CAINDO A FICHA

Na vida adulta, as pessoas acabam descobrindo que aquele monte de "nãos" serviu para protegê-las e orientá-las. Mas que questionar as regras também faz parte do jogo. Afinal, nem sempre as regras são justas.

JÁ PENSOU SE AINDA OBEDECÊSSEMOS ÀS REGRAS DO TEMPO DAS CAVERNAS, QUANDO VALIA A LEI DO MAIS FORTE?

É tanto "não isso", "não aquilo", que parece que a vida de uma criança é feita só de "nãos".

O que ocorre é que as crianças estão na idade de descobrir o mundo e é natural que sua curiosidade as leve a desobedecer algumas regras para ver o que acontece – afinal, é esta a função de muitas brincadeiras da infância: mostrar de forma lúdica como o mundo funciona.

POR FALAR EM LÚDICA, QUE TAL PROCURAR O SIGNIFICADO DESSA PALAVRA NO DICIONÁRIO?

Você conhece o filósofo Galileu Galilei? Que tal saber um pouco desse pensador, que também era matemático, físico e astrônomo?

Galileu Galilei (1564-1642) nasceu em Pisa, a mesma cidade da Itália que tem aquela torre inclinada, sabe qual é? Ele revolucionou a ciência de seu tempo com suas observações e experimentos feitos no telescópio, instrumento que ele próprio ajudou a aperfeiçoar. Galileu também descobriu quatro satélites de Júpiter, mostrou que a Lua não era lisa, mas apresentava crateras em sua superfície, e que a Via Láctea é formada por um conjunto de estrelas.

Para Galileu, o livro do Universo está escrito em linguagem matemática, uma forma de compreender o mundo que era uma novidade para a época.

Torre de Pisa.

Bem lá atrás, no início do século 17, Galileu sentiu na pele os perigos da proibição. Com base em estudos e experimentos, ele chegou à conclusão de que não era o Sol que girava em torno da Terra, mas, pelo contrário, a Terra é que girava em torno do Sol.

As autoridades da Igreja Católica, naquela época, não gostaram nada dessas ideias. Elas puniam com a morte na fogueira aqueles que dissessem que a Terra não estava fixa no centro do Universo. Foi o que aconteceu com o filósofo e monge italiano Giordano Bruno (1548-1600), por exemplo, que foi condenado e morto.

Galileu não queria ter o mesmo fim que Bruno. Por isso, foi obrigado a negar tudo o que tinha afirmado sobre o Universo e ainda ficou em prisão domiciliar até o fim da vida.

Dizem que, enquanto assinava a papelada que a Igreja Católica o obrigou a assinar, negando suas afirmações, Galileu disse baixinho para si mesmo: "Mas ela se move...". Ele estava se referindo ao movimento da Terra em torno do Sol.

Agora, olha que legal: cem anos depois, no século 18, as teorias e leis do físico inglês Isaac Newton (1642-1727) comprovaram que Galileu estava certo.

"MAS ELA SE MOVE..." (GALILEU)

André Durand. *Giordano Bruno na Fogueira*, 1947. Óleo sobre linho, 203 x 167 cm.

É PROIBIDO PROIBIR!

A canção *É proibido proibir*, do cantor e compositor Caetano Veloso, foi apresentada num festival de música lá no finzinho dos anos 1960. A música foi muito vaiada pelo público, que jogou vários objetos no artista e em seus músicos.

Veja uma foto do cantor nesse dia. Pelo jeito, ele não gostou muito do que aconteceu...

Não sei se você sabe, mas a vaia é uma das mais conhecidas formas de protesto. A gente tem todo o direito de vaiar uma coisa de que não gosta, você não acha?

CALA A BOCA JÁ MORREU!

Se você já foi proibido de dizer o que pensa sobre alguma coisa, saiba que isso tem um nome: censura.

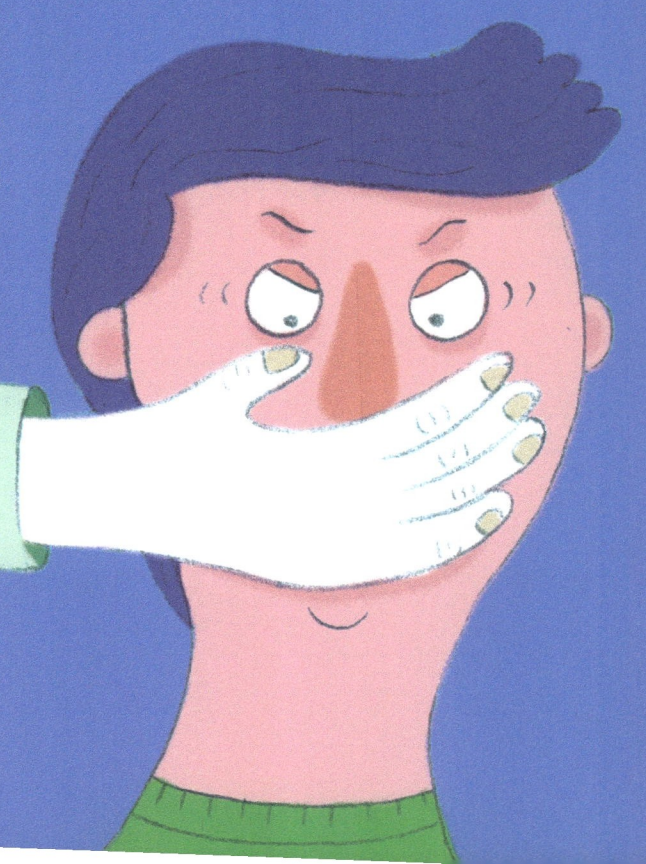

O cantor brasileiro Jorge Ben Jor fez uma música chamada *Caramba! Galileu da Galileia* em que elogia a "malandragem" de Galileu ao fingir que negava suas teorias para não ser condenado e morto na fogueira. Afinal, ninguém merece tamanho castigo... É claro que naquela época não existia o termo "malandragem". Mas foi o que Galileu foi obrigado a fazer para levar os religiosos na conversa.

Você pode ouvir essa música na internet e depois trocar impressões com seus amigos sobre a letra dela e sobre o estilo do cantor. Se preferir, procure a letra da canção antes de ouvi-la. Perceba como ele brinca com o significado das palavras.

O endereço é:

https://www.youtube.com/watch?v=w1NJBYCLAvI
(acesso em: 24 fev. 2016).

Você já tinha ouvido falar desse cantor e compositor brasileiro? Sabia que o nome dele no início da carreira não era Jorge Ben Jor, mas Jorge Ben? Que tal conhecer outras canções dele?

PENSANDO EM QUADRINHOS

Calvin, personagem do cartunista Bill Watterson, parece ter aprontado alguma.

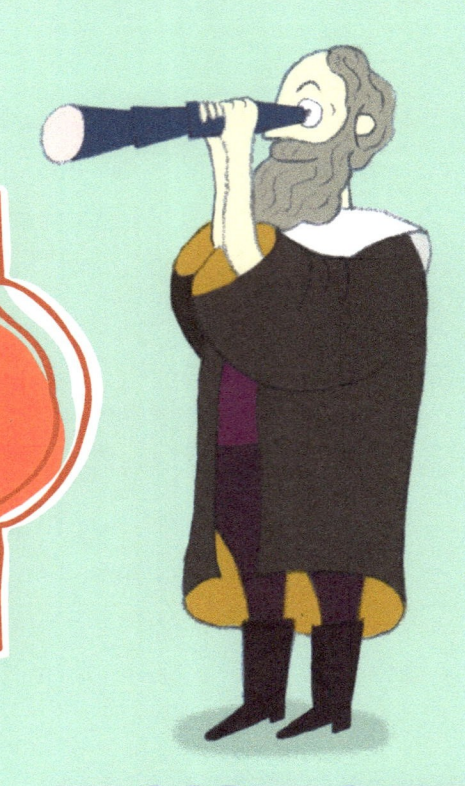

TROCANDO IDEIAS

Desde a época de Galileu, a ciência e a tecnologia evoluíram muito. Do telescópio aperfeiçoado por ele, lá no distante século 17, até o potente telescópio espacial Hubble, lançado pela Nasa (agência espacial norte-americana) no comecinho dos anos 1990, houve um imenso avanço no mundo científico. O conhecimento do Universo hoje mostra que a Terra é um grão de areia no espaço infinito.

O nome que esse telescópio recebeu, Hubble, é uma homenagem ao norte-americano Edwin Powell Hubble (1889-1953), considerado o maior astrônomo desde Nicolau Copérnico, que viveu no século 16.

© NASA

CARACA!

Você sabia que o telescópio Hubble ajudou a confirmar a teoria de que o Universo se encontra em acelerada expansão para todos os lados? Pois é, as coisas mudam o tempo todo, e com o Universo não é diferente.

O Hubble mostrou também que não existe um centro no Universo, mas que todos os pontos podem ser considerados o centro dele. Legal, isso. Assim, se você acha que o seu umbigo é o centro do Universo, não está tão errado assim!

TENDI...

Acho que já deu para perceber que o mundo não é um modelo pronto, que devemos aceitar tal como é. A ousadia e a criatividade são atitudes que fazem o mundo andar para a frente. O proibido limita o mundo, mas também estimula nossa capacidade de transformá-lo. Ainda bem, não é?

ATIVIDADES

1. Por que você acha que as meninas da história apertaram a campainha e saíram correndo? Você já fez isso? Acha legal o que fizeram? Por quê?

2. Como você convive com os "nãos" em sua casa?

3. O que você achou da atitude do filósofo Galileu de negar suas teorias para não ser morto na fogueira?

O ABRAÇO

Leonardo leu a notícia e ficou intrigado. Em um lugar distante da Espanha, estudiosos encontraram os fósseis de dois esqueletos: um homem e uma mulher que viveram há 6 mil anos e morreram abraçados. Será que eles tiveram um ataque cardíaco ao mesmo tempo enquanto se abraçavam? – perguntou-se o menino.

A reportagem não dava detalhes. Leonardo logo imaginou que, se foi isso que aconteceu, eles deviam estar muito apaixonados e o coração não aguentou.

Leonardo voltou a olhar a foto. Seus olhos exploravam cada detalhe, embora a imagem não mostrasse nada além de dois simples esqueletos com os braços envoltos em torno um do outro e as pernas levemente dobradas, roçando-se na altura do joelho.

De repente, sua conclusão lhe pareceu muito óbvia. Sim, claro que podia ser um casal. Marido e mulher. Ou um casal de namorados. Será que existiam namorados na Idade da Pedra? – ele ainda pensou.

O achado era recente e os arqueólogos iam começar a estudar os fósseis, o que levaria alguns anos. Mas por que eles não podiam ser apenas amigos? Ou irmãos?

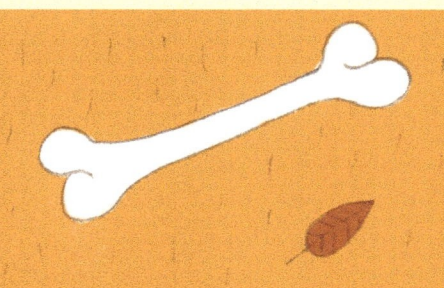
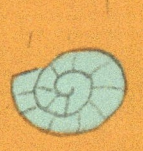

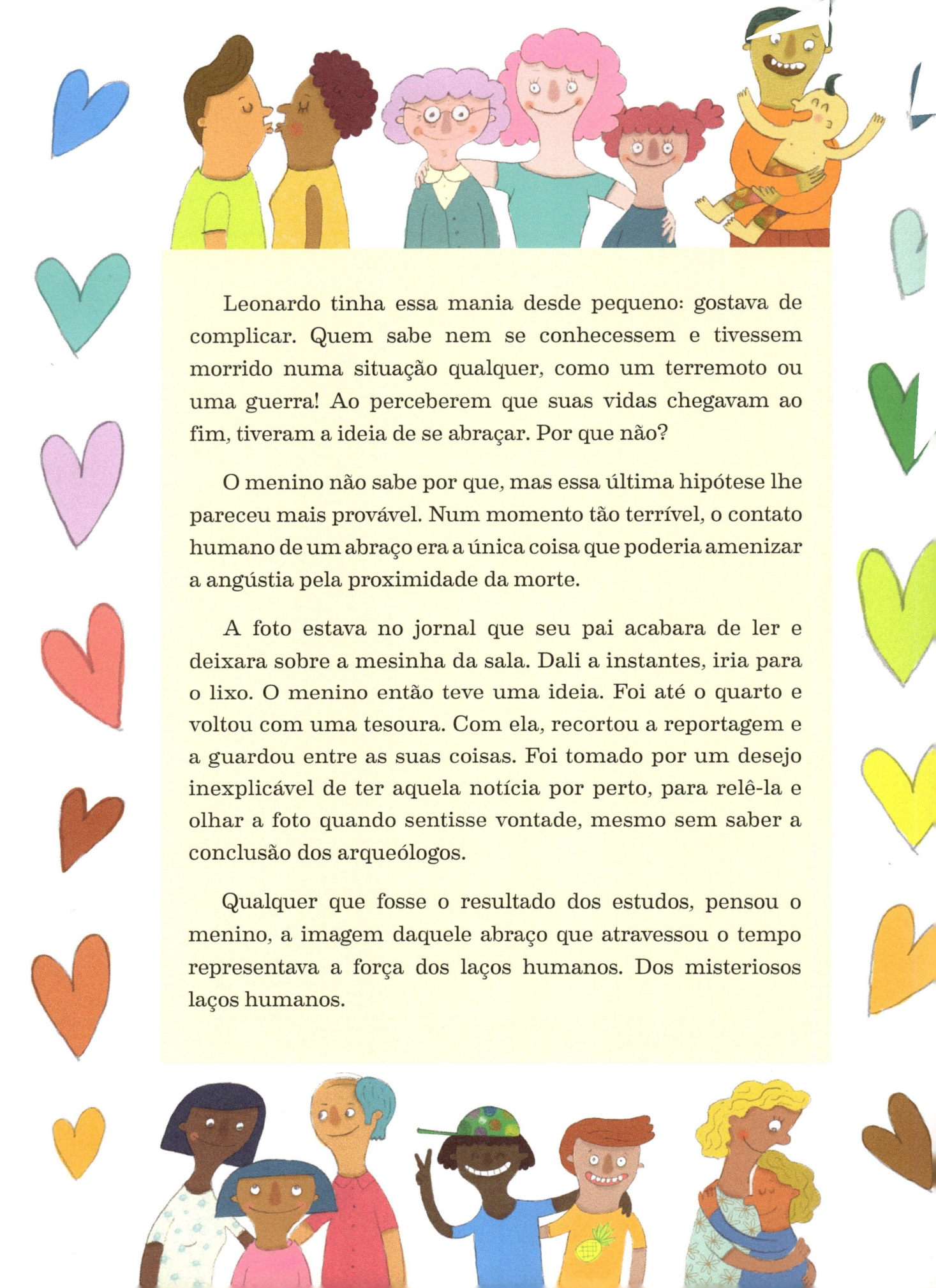

Leonardo tinha essa mania desde pequeno: gostava de complicar. Quem sabe nem se conhecessem e tivessem morrido numa situação qualquer, como um terremoto ou uma guerra! Ao perceberem que suas vidas chegavam ao fim, tiveram a ideia de se abraçar. Por que não?

O menino não sabe por que, mas essa última hipótese lhe pareceu mais provável. Num momento tão terrível, o contato humano de um abraço era a única coisa que poderia amenizar a angústia pela proximidade da morte.

A foto estava no jornal que seu pai acabara de ler e deixara sobre a mesinha da sala. Dali a instantes, iria para o lixo. O menino então teve uma ideia. Foi até o quarto e voltou com uma tesoura. Com ela, recortou a reportagem e a guardou entre as suas coisas. Foi tomado por um desejo inexplicável de ter aquela notícia por perto, para relê-la e olhar a foto quando sentisse vontade, mesmo sem saber a conclusão dos arqueólogos.

Qualquer que fosse o resultado dos estudos, pensou o menino, a imagem daquele abraço que atravessou o tempo representava a força dos laços humanos. Dos misteriosos laços humanos.

Tema: Ser humano

Os "laços humanos" são incríveis! São eles que nos unem e nos fortalecem como seres no mundo. Ao pressentir a morte, aquelas duas pessoas tiveram a ideia de se abraçar. Certamente se sentiram menos sozinhas.

Ter sentimentos como alegria, medo, amizade, tristeza, coragem, amor, raiva é um sinal de que não somos robôs, mas reagimos de maneiras diferentes ao que acontece conosco. Afinal, somos mais do que apenas seres no mundo: somos seres humanos! Mas, além de humanos, somos também animais, porém, animais racionais, porque fazemos uso da razão.

Agora, vem cá: um cachorro também não faz algum uso da razão quando ouve a voz do dono e pula de alegria ou quando se sente ameaçado e grunhe de medo?

Não sei se você sabe, mas chamamos de instinto o grau de inteligência dos animais. O instinto permite que eles tenham sentimentos bem parecidos com os nossos. Há até alguns animais que são "mais humanos" e "mais inteligentes" do que muitos seres humanos, você não acha?

Coisas que sentimos:

Coisas que um robô faz:

Quando o filósofo Jean-Jacques Rousseau surgiu, na primeira metade do século 18, existiam duas verdades sobre o ser humano: uma dizia que ele era um animal que usa a razão; a outra afirmava que o ser humano era como uma máquina, na qual todas as "peças" funcionam com perfeição.

Vamos conhecer um pouquinho sobre Rousseau e ver o que ele disse sobre nós, humanos.

Jean-Jacques Rousseau (1712-1778) nasceu em Genebra, na Suíça. Ele leu muito na infância e na adolescência, o que lhe rendeu desde cedo uma imaginação prodigiosa. Na idade adulta, ele criticou o progresso e as injustiças da sociedade.

Rousseau dizia, por exemplo, que os seres humanos, quando próximos da natureza, eram bons e puros, mas se tornaram maus e egoístas ao passarem a viver em sociedade. Seu livro mais importante é *O contrato social*, estudado até hoje para que se possa entender a vida em sociedade.

Além de filósofo, Rousseau escreveu importantes obras sobre educação.

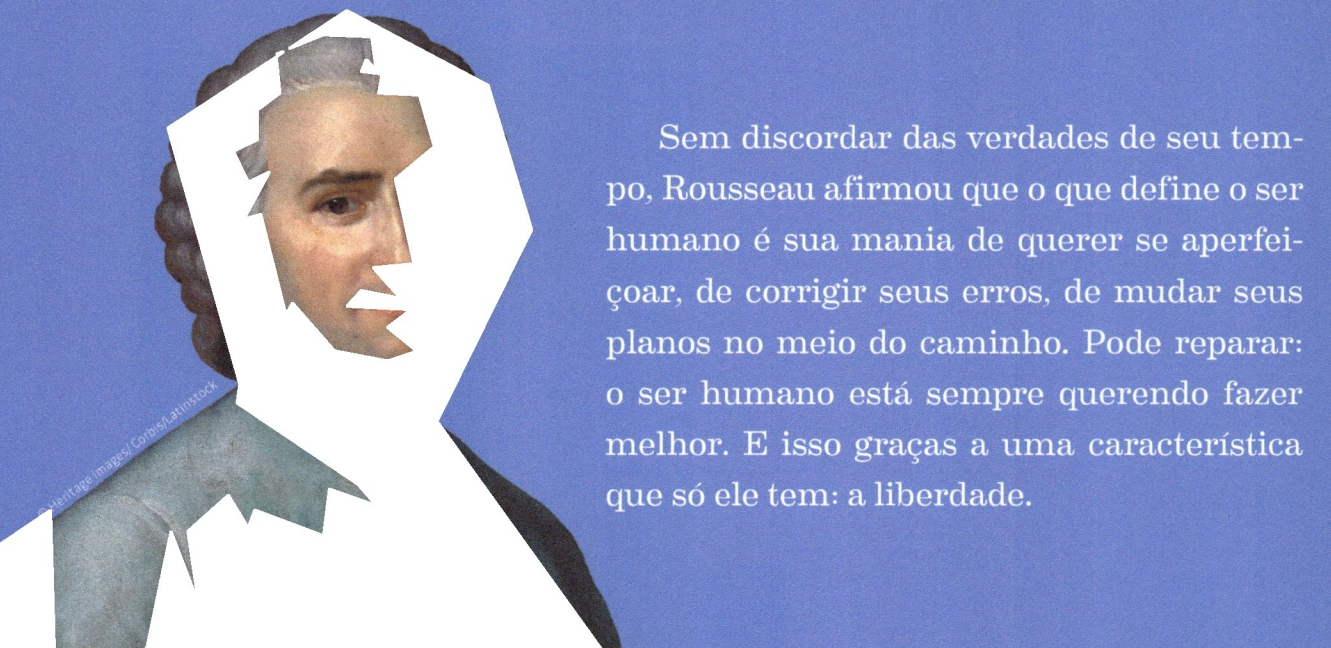

Sem discordar das verdades de seu tempo, Rousseau afirmou que o que define o ser humano é sua mania de querer se aperfeiçoar, de corrigir seus erros, de mudar seus planos no meio do caminho. Pode reparar: o ser humano está sempre querendo fazer melhor. E isso graças a uma característica que só ele tem: a liberdade.

© Popperfoto/Getty Images

MANEIRO!

Você certamente já ouviu falar do 14-Bis, não? Aquele avião meio esquisito inventado pelo brasileiro Santos Dumont no comecinho do século 20. Detalhe: esquisito, mas voou!

O 14-Bis foi testado em julho de 1906, em Paris, capital da França. Aliás, esse avião tem esse nome porque Santos Dumont tinha testado o 14 antes – o 14-Bis foi a segunda tentativa, pois *bis* significa "de novo".

Foi a primeira vez que um objeto mais pesado que o ar conseguiu voar sustentado por si mesmo, superando a lei da gravidade. Foi um feito e tanto para a época!

Desde então, graças à capacidade do ser humano de se aperfeiçoar, outros projetos de avião foram inventados até os atuais supersônicos.

© Nikola Knezevic/Shutterstock

INSTINTO

Olha que bacana: assim que nascem, as tartaruguinhas se põem a correr para o mar, como se disputassem uma corrida. Mas não pense que elas fazem isso por brincadeira ou por competirem entre si. Na verdade, elas não sabem por que fazem isso. Apenas fazem.

Busque na internet um vídeo com essa imagem. É muito bonito de ver.

Pela liberdade, os seres humanos decidem entre fazer o bem e fazer o mal.

"A VONTADE FALA, AINDA QUANDO A NATUREZA SE CALA."
(ROUSSEAU)

Agora, olha só: quando um artista pinta um quadro, ele tem uma ideia na cabeça. Mesmo que o quadro seja abstrato, os traços que vão surgindo do movimento do pincel são resultado da vontade do pintor.

Um animal não é capaz de pintar um quadro. Isso porque ele não consegue planejar uma ação. Na verdade, ele não pode fazer um montão de coisas que um artista faz. Ou melhor: que um ser humano faz.

Um cão só repete ações aprendidas em treinamento porque o dono lhe dá uma gratificação no final. Ele pode também agir por instinto, por exemplo, quando desvia de um carro que vem em sua direção. Mas isso está longe de ser liberdade.

Talvez você nunca tenha parado para pensar nisso, mas os seres humanos constroem cidades, realizam obras de arte, compõem sinfonias, escrevem histórias, criam teorias, rituais, estabelecem o que é justo e injusto, aprendem com o passado e planejam o futuro – tudo isso porque têm liberdade.

TÁ LIGADO?

Você já viu um animal sendo adestrado?
No adestramento, como já foi dito, um animal só repete movimentos automáticos porque recebe uma gratificação. Dizemos então que ele não age livremente, mas está condicionado.

BEM-VINDO AO CLUBE...

Já na educação, as crianças aprendem desde cedo a aprimorar suas características e habilidades humanas. E não param mais de aprender e se aperfeiçoar. Dizemos então que elas aprendem a aprender.

PARA SABER MAIS

QUANDO VEMOS A FOTOGRAFIA DE UM ANIMAL RINDO, NÃO É QUE ELE ESTEJA RINDO, É APENAS O EFEITO INSTANTÂNEO DA FOTO QUE NOS DÁ ESSA IMPRESSÃO. MAS É SÓ UMA IMPRESSÃO. OS ANIMAIS NÃO RIEM. O QUE NÃO SIGNIFICA QUE NÃO POSSAM FICAR ALEGRES OU TRISTES. O ÚNICO ANIMAL QUE RI É O SER HUMANO.

Entre as coisas bacanas que só os humanos podem fazer está a possibilidade de imaginar. Podemos imaginar como algo poderia ter sido ou como poderá ser. Podemos imaginar algo que está ausente ou algo que nem mesmo existe. Os artistas e os poetas vivem fazendo isso.

Veja, por exemplo, o que imaginou o poeta Vinicius de Morais na letra da canção *O pato*, que foi musicada pelo cantor e compositor Toquinho. Perceba como uma ave que todos conhecemos do dia a dia, o pato, se transforma num pato muito engraçado na imaginação do poeta.

Para ouvir a canção, acesse o endereço: https://www.youtube.com/watch?v=z8-yWOXXJ4Y (acesso em: 24 fev. 2016).

Depois pergunte aos seus amigos o que eles acharam da música.

PENSANDO EM QUADRINHOS

O personagem Calvin é um típico humano: diante do desconhecido, quer saber o que é, de onde veio, por que existe, para que serve.

TROCANDO IDEIAS

Lembra da foto dos dois esqueletos abraçados, que você viu algumas páginas atrás? Pois dê uma olhadinha agora na foto desta escultura, do artista romeno Constantin Brancusi. Ela se chama *O beijo* e representa duas pessoas se beijando, enlaçadas em um afetuoso abraço.

O abraço e o beijo são duas formas que os seres humanos encontram de estreitarem seus laços humanos. E os artistas de todas as épocas procuraram retratar esses movimentos corporais.

Você conhece outras obras de arte que têm como tema os laços humanos? Ou fotografias, que também são uma forma de arte? Se não conhece, que tal procurar? Na internet, não é difícil.

Beijo, abraço, aperto de mão, olhar, cafuné, silêncios, pessoas rindo ou chorando juntas... está tudo valendo!

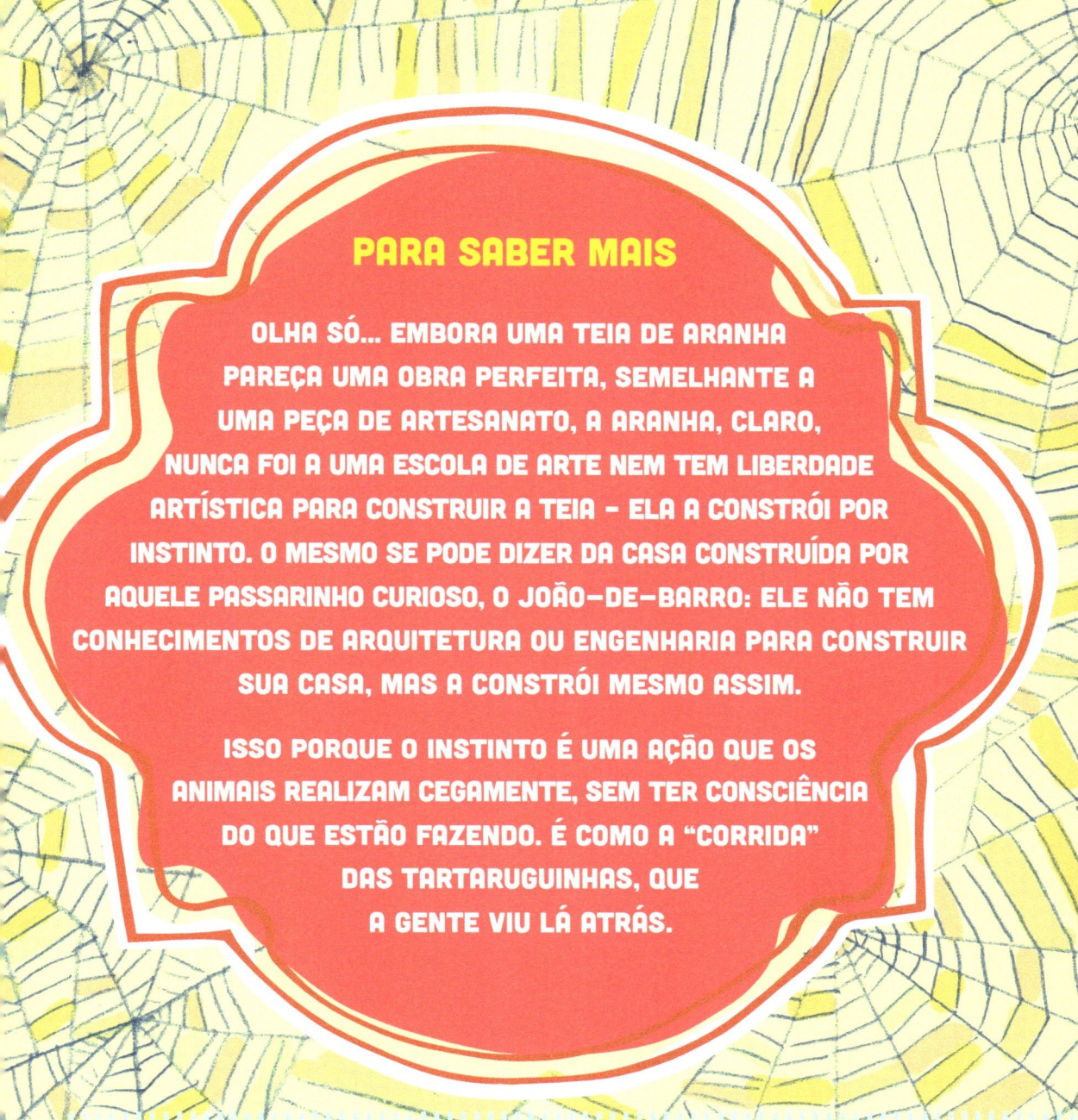

PARA SABER MAIS

OLHA SÓ... EMBORA UMA TEIA DE ARANHA PAREÇA UMA OBRA PERFEITA, SEMELHANTE A UMA PEÇA DE ARTESANATO, A ARANHA, CLARO, NUNCA FOI A UMA ESCOLA DE ARTE NEM TEM LIBERDADE ARTÍSTICA PARA CONSTRUIR A TEIA - ELA A CONSTRÓI POR INSTINTO. O MESMO SE PODE DIZER DA CASA CONSTRUÍDA POR AQUELE PASSARINHO CURIOSO, O JOÃO-DE-BARRO: ELE NÃO TEM CONHECIMENTOS DE ARQUITETURA OU ENGENHARIA PARA CONSTRUIR SUA CASA, MAS A CONSTRÓI MESMO ASSIM.

ISSO PORQUE O INSTINTO É UMA AÇÃO QUE OS ANIMAIS REALIZAM CEGAMENTE, SEM TER CONSCIÊNCIA DO QUE ESTÃO FAZENDO. É COMO A "CORRIDA" DAS TARTARUGUINHAS, QUE A GENTE VIU LÁ ATRÁS.

ATIVIDADES

1. O que você acha que aconteceu para que as duas pessoas da foto da página 31 morressem abraçadas?

2. Você concorda com a afirmação de que os animais possuem inteligência? Explique sua resposta.

3. Alguma vez uma reportagem ou notícia chamou sua atenção? Sobre o que falava? Qual foi o motivo da sua curiosidade?

O TROCO

Mariana já estava acostumada. Todos os dias, pela manhã, a mãe lhe dava cinco reais para ela comprar quatro pãezinhos e um litro de leite na venda da dona Nezinha. A dona da venda lhe devolvia algumas moedas de troco, que Mariana nem conferia. Ao chegar em casa, pegava as moedas e entregava para a mãe.

Havia mais de dois anos que ela fazia aquilo. Dona Nezinha era a típica comerciante honesta e trabalhadeira, sempre com sua caneta atrás da orelha para fazer contas.

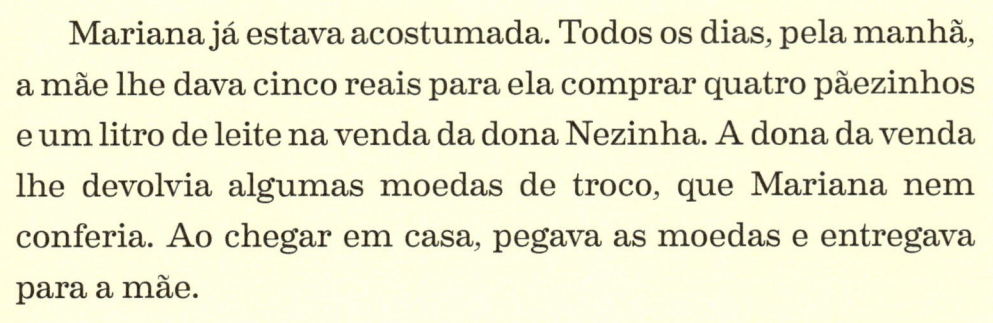

Um dia, a mãe da Mariana não tinha os cinco reais trocados e deu uma nota de cinquenta para a filha.

– Presta atenção no troco, Mariana – recomendou. – Estou dando cinquenta reais, não cinco. Vê lá se a dona Nezinha não vai se enganar.

– Pode deixar – disse a menina. – Dona Nezinha é honesta.

– Não estou dizendo que ela não é honesta. Apenas que ela pode se enganar. Afinal, todo dia você leva cinco reais.

Mariana ouviu, mas não levou muito a sério as palavras da mãe. A dona Nezinha se enganar? A menina não conseguia imaginar aquilo.

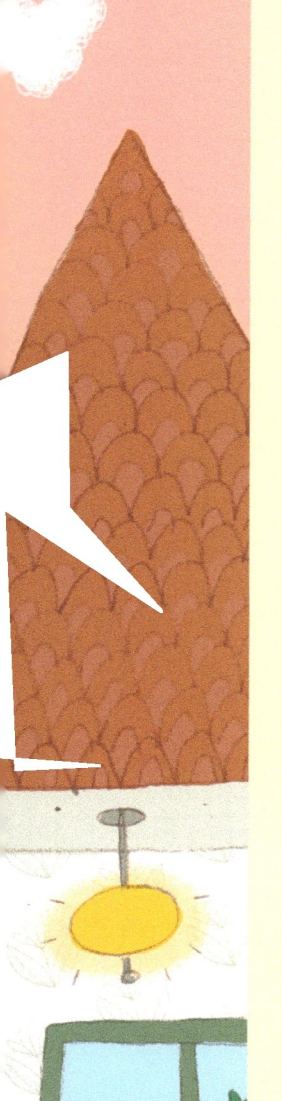

Assim que Mariana entrou na venda, dona Nezinha fez o movimento habitual de buscar o pão e o leite. E ao ver a nota de cinquenta, logo notou a novidade.

– Tua mãe tá sem troco hoje?

– Pois é... – disse a menina, sentindo uma ponta de orgulho por ter defendido dona Nezinha diante da mãe.

– Espera um pouco, vou pegar o troco lá dentro – disse a mulher, desaparecendo por uma porta que ficava no interior da venda.

Logo estava de volta com um rolinho de notas e algumas moedas, que colocou com cuidado na mão da menina, olhando para os lados para ver se não havia ninguém de olho.

– Toma cuidado com esse dinheiro, guria – dona Nezinha era gaúcha. – Não vai perder.

– Pode deixar – falou Mariana, enfiando o rolinho e as moedas no bolso da blusa. – Obrigada.

Ao sair, lembrou do que a mãe lhe pedira. Mas, diante do que acabara de ver, decidiu que não precisava conferir. Ou precisava?

Não, não precisava. Dona Nezinha tinha sido tão cuidadosa. Mas sabia como era a mãe. Mesmo que o troco estivesse certo, ela ia querer saber se ela tinha conferido. Não por desconfiar da dona Nezinha, mas porque era o certo a fazer.

Então Mariana sentou-se no banco da praça, tirou o rolinho do bolso e passou a conferir as notas. Se dona Nezinha visse aquilo, na certa iria chamar sua atenção. Iria dizer que ela estava se arriscando ao mostrar o dinheiro em lugar público. Mas, ao contar as notas, a menina não acreditou. Contou de novo. Dona Nezinha tinha devolvido o troco com dez reais a mais.

Tema: Ética e moral

Você reparou que essa história não tem final? Ou melhor, que o final dela ficou em aberto? É como se o autor deixasse para os leitores imaginarem o que a personagem Mariana fez depois que percebeu o erro no troco.

Cá entre nós: a situação vivida pela menina é muito parecida com muitas situações que vivemos no dia a dia, não é? Em certos momentos, não podemos esperar que outra pessoa decida por nós. Nós é que temos que fazer as escolhas.

Você certamente já deu sua opinião sobre uma pessoa, uma atitude de alguém, uma pintura, um livro ou um filme. Geralmente você pensou ou falou "gostei" ou "não gostei", "isto é certo" ou "isto é errado", "isto foi legal" ou "isto não foi legal".

Coisas que Mariana poderia fazer:

Mas como saber o que é certo e o que é errado, o que é bom e o que é mau, o que é justo e o que é injusto, o que é bonito e o que é feio, o que é legal e o que não é legal?

VOCÊ DEVE ESTAR SE PERGUNTANDO: AH, COMO A FILOSOFIA GOSTA DE COMPLICAR AS COISAS, NÃO? POIS É...

A ética e a moral dizem respeito à conduta dos seres humanos. Elas variam de lugar para lugar e de época para época. Sem a ética e sem a moral, o convívio entre os seres humanos ficaria muito difícil.

O filósofo alemão Immanuel Kant é considerado o fundador da moral moderna, quer dizer, da moral que ainda vale nos dias de hoje.

Vamos saber um pouquinho sobre esse simpático senhor.

Immanuel Kant (1724-1804) nasceu em Königsberg, uma cidadezinha no interior da Alemanha (que hoje pertence à Rússia e se chama Kaliningrado). Ele estudou filosofia, teologia, matemática e física. Kant foi mais ou menos como alguém que hoje é chamado de cdf ou nerd.

Nosso filósofo jamais se casou, não teve filhos e nunca saiu da pacata Königsberg em seus 80 anos de vida. Era um homem metódico e bondoso, de estatura pequena e saúde frágil.

Dizem que, por ser muito pontual, os vizinhos de Kant acertavam o relógio quando ele passava para ir à universidade dar suas aulas. A ruazinha por onde ele andava existe até hoje e se chama Passeio do Filósofo.

Mas não pense que a moral criada por Kant está mofando nas páginas dos livros, servindo de alimento para as traças! Convivemos com ela todos os dias.

Vamos ver um exemplo dessa moral no dia a dia.

Nos transportes coletivos, é muito comum presenciarmos jovens e adolescentes sentados nos bancos reservados a idosos, mulheres grávidas ou com criança de colo e pessoas portadoras de deficiência. Quando isso ocorre, as pessoas em volta ficam indignadas. Essa indignação vem do senso de moral que as pessoas têm, algo que elas trazem consigo e que diz como devem agir em determinadas situações. Nesse caso, elas nem precisariam do aviso impresso logo ao lado do assento, pois saberiam como agir.

E VOCÊ, COMO SE PORTARIA NUMA SITUAÇÃO DESSAS?

SABE O TIPO?

Você conhece alguém que gosta de julgar todo mundo, que se acha o dono da verdade? Alguém que se acha acima do bem e do mal? Cuidado, você está diante de um moralista! O moralista acha que a moral é só dele.

Uma coisa interessante da moral é que ela não tem só a ver com julgar ou condenar as pessoas, mas em olhar para dentro de nós mesmos e vigiar nossa conduta. É algo da gente com a gente mesmo.

Por isso, ao enunciar a lei de sua moral, Kant escreveu:

> **"AJA DE MODO QUE SUA CONDUTA SEJA MODELO DE CONDUTA UNIVERSAL."**

Pela moral de Kant, a gente não precisa que alguém nos diga o que fazer, nós sabemos por nós mesmos como agir.

AGORA, VAMOS REFLETIR UM POUQUINHO: O QUE ISSO TEM A VER COM O EXEMPLO DO ASSENTO NOS TRANSPORTES COLETIVOS?

SEM MORAL

Com frequência, vemos na televisão políticos discutindo e dizendo uns para os outros frases como "Vossa excelência não tem moral para me julgar!". Ninguém merece, não é?

DEMORÔ!

Ser ou não ser, isto ou aquilo, ir ou não ir, namoro ou amizade, salgado ou doce, açúcar ou adoçante... Em nosso cotidiano, estamos sempre escolhendo, fazendo opções. A indecisão, em alguns casos, é um problema muito sério.

Jean Buridan, filósofo francês que viveu lá no século 14, ilustrou o problema da indecisão numa fábula em que um asno é colocado a igual distância entre um pote de água e um monte de feno. Por não decidir entre o feno e a água, o asno acaba morrendo.

PARA SABER MAIS

A DECLARAÇÃO UNIVERSAL DOS DIREITOS HUMANOS, DE 1948, É UMA ESPÉCIE DE LEI OU NORMA QUE SE REFERE AOS SERES HUMANOS E QUE DEVE SER APLICADA POR TODOS OS POVOS E NAÇÕES.
ESSA DECLARAÇÃO É INSPIRADA EM GRANDE PARTE NA MORAL DE KANT, QUE DEFINIU A DIGNIDADE DO SER HUMANO COMO ALGO FUNDAMENTAL!

Não podemos resolver todos os males do mundo. Mas temos a obrigação de nos posicionar, de denunciar aquilo que não é legal, ou, como se diz, de botar a boca no trombone diante de alguma injustiça ou de algo que fira a dignidade do ser humano. O posicionamento, nesses casos, é uma atitude moral.

Veja o que o poeta maranhense Ferreira Gullar escreveu sobre um fato que o deixou indignado.

POEMA BRASILEIRO

No Piauí de cada 100 crianças que nascem
78 morrem antes de completar 8 anos de idade

No Piauí
de cada 100 crianças que nascem
78 morrem antes de completar 8 anos de idade

No Piauí
de cada 100 crianças
que nascem
78 morrem
antes
de completar
8 anos de idade

antes de completar 8 anos de idade
antes de completar 8 anos de idade
antes de completar 8 anos de idade
antes de completar 8 anos de idade

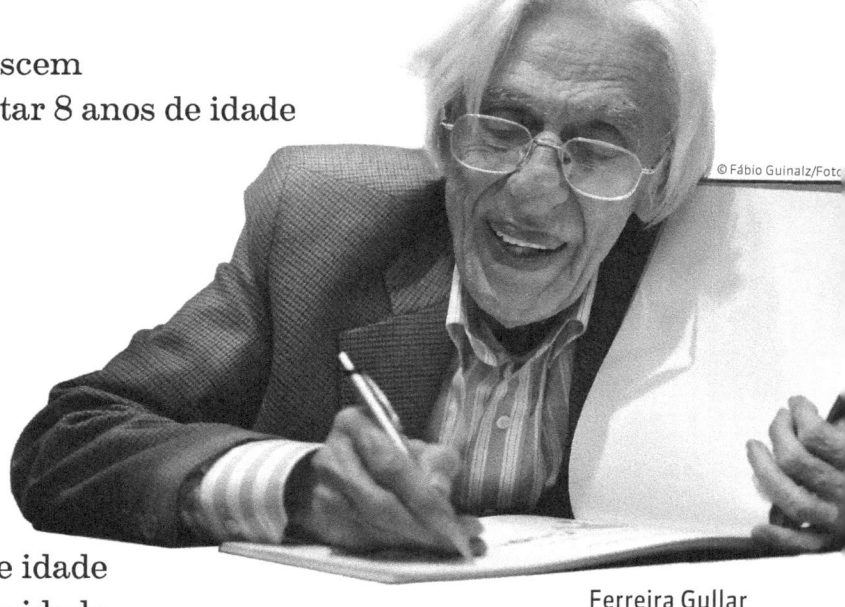

Ferreira Gullar

"Artista engajado" é uma expressão que talvez você já tenha ouvido ou lido em algum lugar. Ela se refere a um tipo de artista que não se contenta em apenas fazer a arte pela arte, fechado em seu ateliê, em seu gabinete de trabalho ou fechado em si mesmo. Ele procura denunciar as injustiças no mundo, seja por meio de seus quadros, poemas, romances, peças de teatro, letras de música, seja por outras formas de expressão.

Pablo Picasso. *Guernica*, 1937. Óleo sobre tela, 349 x 776 cm.

© Succession Pablo Picasso/AUTVIS, Brasil, 2015. Museu Nacional Centro de Arte Reina Sofia, Madri

O pintor espanhol Pablo Picasso, que viveu no século 20, foi um gênio da pintura e também um artista engajado. Nesse famoso quadro, chamado *Guernica*, ele retratou o massacre sofrido pela cidade espanhola de Guernica, em 1937, durante a Guerra Civil Espanhola.

Repare que o quadro expressa tudo aquilo que a guerra costuma provocar: medo, terror, desespero, angústia, morte, destruição, violência.

QUEM NUNCA?

Você já ficou indignado diante de uma situação absurda que presenciou? Conte para os colegas de sala qual era a situação e como você se posicionou a respeito.

ATIVIDADES

1. Agora que você já conhece um pouco mais sobre ética e moral, responda: o que acha que Mariana fez depois de perceber que dona Nezinha havia errado no troco? O que você faria no lugar dela?

2. Se existem a ética e a moral, por que, na sua opinião, as pessoas cometem tantas injustiças, trapaças, atos de corrupção e violência? Justifique sua resposta.

3. Como você age ao presenciar uma situação de injustiça? Finge que não está vendo ou protesta?

BALTAZAR

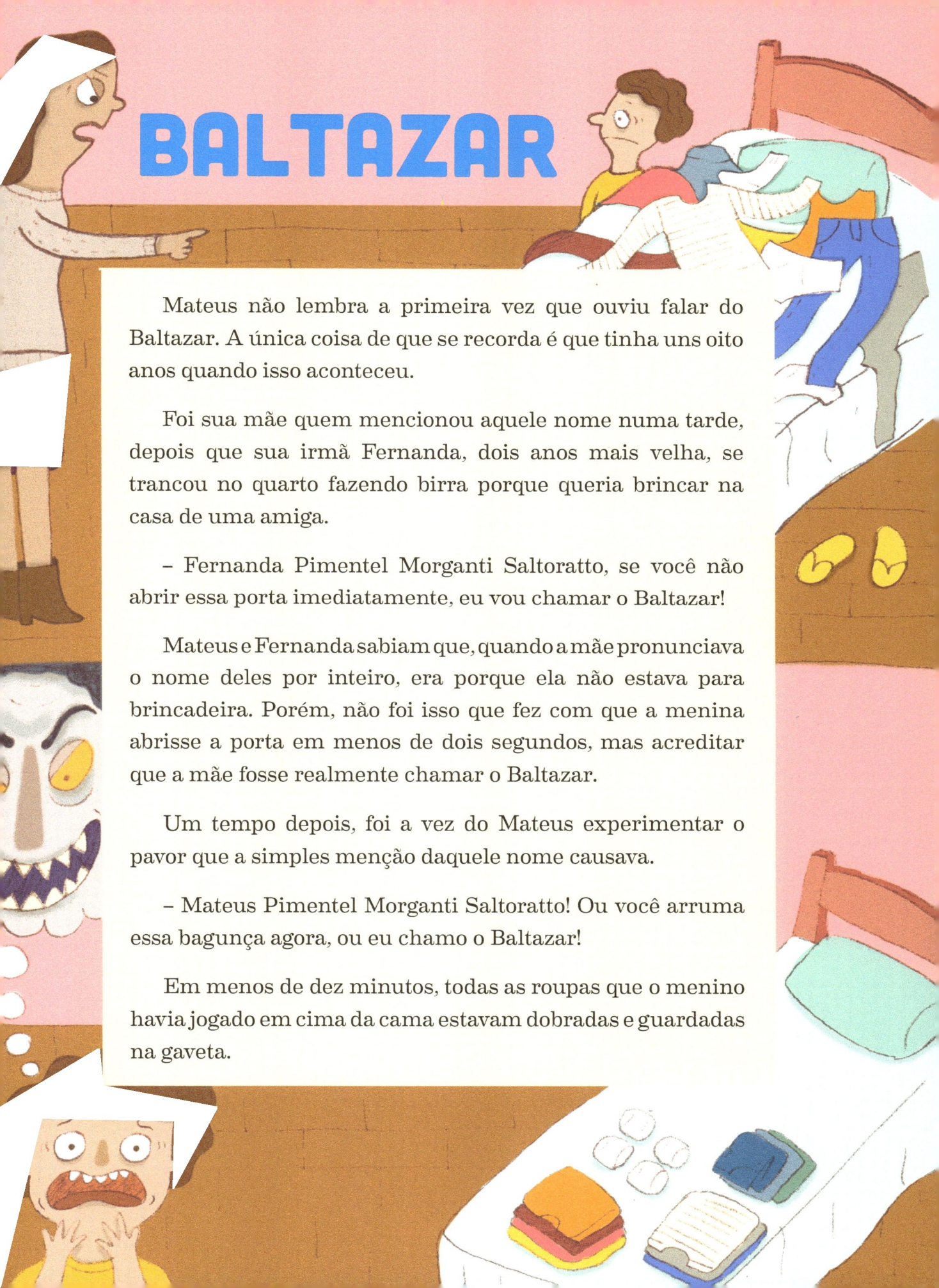

Mateus não lembra a primeira vez que ouviu falar do Baltazar. A única coisa de que se recorda é que tinha uns oito anos quando isso aconteceu.

Foi sua mãe quem mencionou aquele nome numa tarde, depois que sua irmã Fernanda, dois anos mais velha, se trancou no quarto fazendo birra porque queria brincar na casa de uma amiga.

– Fernanda Pimentel Morganti Saltoratto, se você não abrir essa porta imediatamente, eu vou chamar o Baltazar!

Mateus e Fernanda sabiam que, quando a mãe pronunciava o nome deles por inteiro, era porque ela não estava para brincadeira. Porém, não foi isso que fez com que a menina abrisse a porta em menos de dois segundos, mas acreditar que a mãe fosse realmente chamar o Baltazar.

Um tempo depois, foi a vez do Mateus experimentar o pavor que a simples menção daquele nome causava.

– Mateus Pimentel Morganti Saltoratto! Ou você arruma essa bagunça agora, ou eu chamo o Baltazar!

Em menos de dez minutos, todas as roupas que o menino havia jogado em cima da cama estavam dobradas e guardadas na gaveta.

Tanto Mateus quanto Fernanda já tinham visto o Baltazar algumas vezes. Pelas manhãs, ele costumava ser visto dormindo na calçada da avenida principal, coberto apenas por um pano grosseiro. Era um homem de uns cinquenta anos, magro, de pele escurecida, rosto sofrido, que vivia pedindo dinheiro e comida aos passantes.

Um dia, Mateus foi à banca de jornal comprar figurinhas e deu de cara com o Baltazar. Pensou em correr, mas o susto havia congelado seus passos. O mendigo se aproximou e, vendo o maço de pacotinhos em sua mão, perguntou:

– Você sempre comprando figurinhas, garoto... Falta muito pra completar o álbum?

Mateus olhou para trás. Achou que não era com ele. E antes que dissesse alguma coisa, ouviu o Baltazar dizer:

– Eu também colecionava figurinhas quando era criança.

A frase desarmou Mateus. Então o Baltazar já tinha sido criança?

– Era um álbum chamado Brasil Novo – completou o mendigo. – Não é do seu tempo.

Mateus continuou parado em frente ao homem, que já não lhe parecia tão aterrorizante.

Ainda assim, manteve distância. Lembrou do conselho dos pais para não conversar com estranhos. Mas precisava dizer alguma coisa.

– E você completou o seu álbum? – perguntou o menino.

– Completei... – respondeu Baltazar. Mas depois perdi.

Baltazar olhou para ele e deu de ombros. O menino não entendeu o gesto. Em seguida, sem se despedir, o mendigo desapareceu por trás da banca.

Dias depois, Mateus ficou sabendo que o Baltazar tinha morrido. Disseram que ele não aguentou o frio do inverno que vinha fazendo nas madrugadas por aqueles dias.

Mateus não lembra se ficou triste. Agora, pelo menos, não teria mais as ameaças da mãe. O que sabe é que nunca esqueceu o Baltazar. Nem do seu espanto ao descobrir que ele tinha sido criança um dia.

Tema: Senso comum

Quando somos crianças, as pessoas e as coisas parecem eternas. De tão acostumados a vê-las todos os dias, nem nos preocupamos em saber há quanto tempo elas existem e por quanto tempo continuarão existindo. Nem de onde vieram e por que são do jeito que são. Chamamos isso de *senso comum*.

Aposto que você é meio assim, não é?

Coisas que mudam <u>rápido</u>:

Coisas que mudam <u>devagar</u>:

Coisas que parecem <u>não</u> mudar:

Para os personagens Fernanda e Mateus, o Baltazar era apenas uma dessas pessoas que vemos todos os dias, como se estivesse ali desde sempre e fosse viver eternamente. Quase como se não fosse um ser humano, mas uma coisa, uma paisagem do bairro.

Mas o Baltazar era um ser humano e tinha uma história. Todos, afinal, temos uma história. E não só nós, mas também as árvores, a rua, o bairro, o seu animal de estimação, os edifícios, os rios, as músicas, as montanhas, os oceanos.

Dizer que tudo possui uma história não significa simplesmente que as coisas possuem um passado e um presente, mas que elas têm uma razão de ser do jeito que são.

COMPLICANDO UM POUQUINHO

Você já ouviu alguém usar a expressão "olhar com os olhos de uma criança"? Isso significa olhar algo como se fosse pela primeira vez, pois as crianças, por estarem o tempo todo descobrindo o mundo, olham tudo como uma eterna novidade.

O filósofo Platão, que viveu lá na Antiguidade grega, escreveu uma pequena história que convida as pessoas a olharem o mundo como se fosse pela primeira vez. Mas, antes de conhecer essa história, vamos saber um pouco sobre esse importante pensador.

Platão (*c.* 429-347 a.C.) nasceu em Atenas, na Grécia. Ele estudou retórica (a arte de falar bem), música e matemática e foi praticante de ginástica na juventude. Aos vinte anos, conheceu seu mestre, Sócrates, com quem conviveu por dez anos. Após a morte de Sócrates, Platão fundou sua escola, a Academia. Ele escreveu sua obra na forma de *diálogos*.

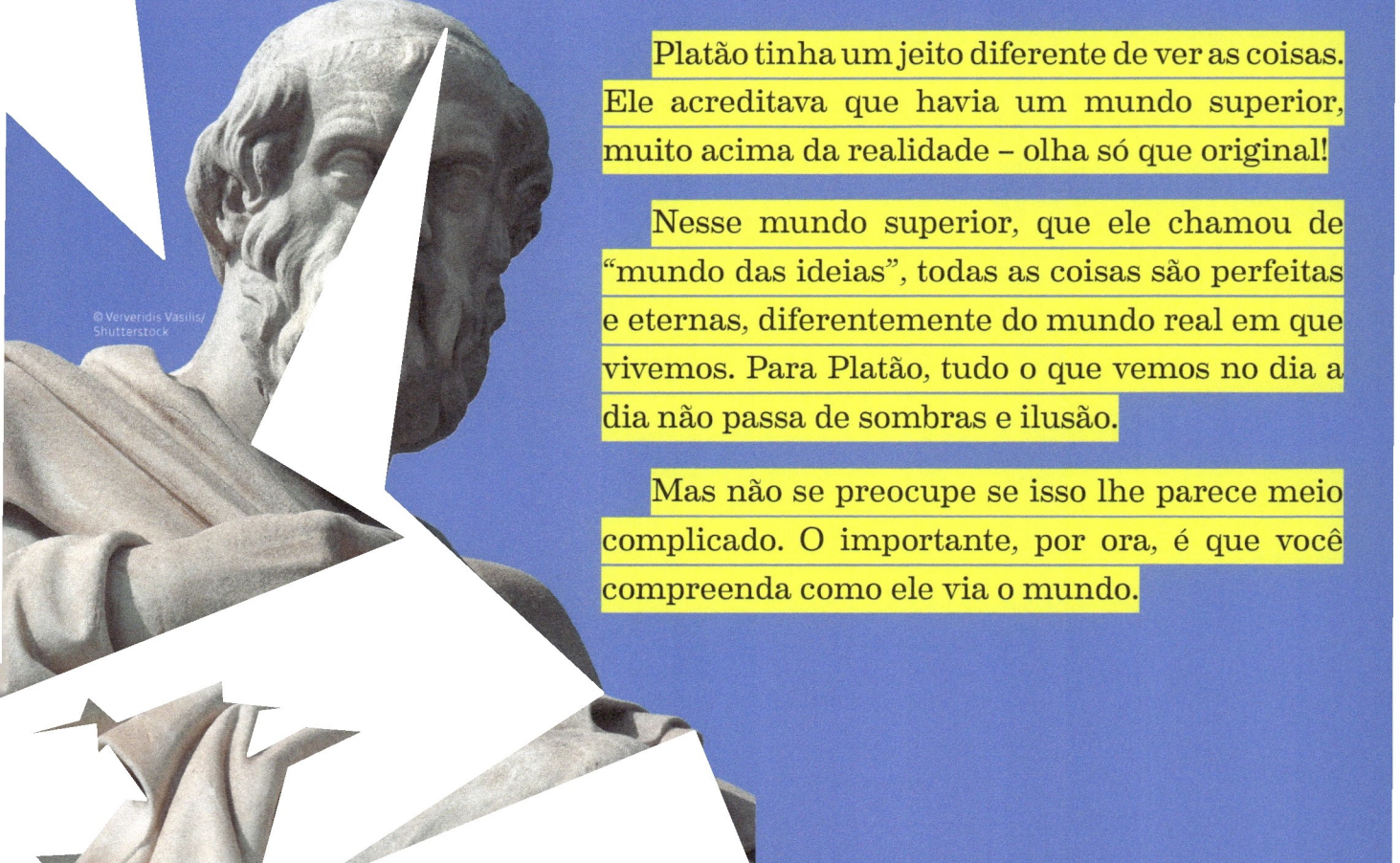

© Ververidis Vasilis/Shutterstock

Platão tinha um jeito diferente de ver as coisas. Ele acreditava que havia um mundo superior, muito acima da realidade – olha só que original!

Nesse mundo superior, que ele chamou de "mundo das ideias", todas as coisas são perfeitas e eternas, diferentemente do mundo real em que vivemos. Para Platão, tudo o que vemos no dia a dia não passa de sombras e ilusão.

Mas não se preocupe se isso lhe parece meio complicado. O importante, por ora, é que você compreenda como ele via o mundo.

A história escrita por Platão chama-se *Alegoria da caverna* e conta a vida de alguns homens que viviam numa caverna iluminada por uma fogueira em seu interior. A luz da fogueira projetava sombras na parede da caverna, e os homens pensavam que aquelas sombras fossem a realidade.

Um dia, um dos homens viu a luz do Sol lá fora e resolveu sair da caverna para enxergá-la melhor. Ficou maravilhado ao descobrir que a verdadeira vida não eram as sombras que eles viam na parede, mas tudo o que existia do lado de fora da caverna.

A luz do Sol ofuscou sua vista, porém o homem estava tão deslumbrado que continuou caminhando até um momento em que já não queria mais voltar. Mas ele precisava avisar seus amigos do engano em que viviam. E voltou à caverna para buscá-los. Seus amigos o chamaram de louco e ameaçaram matá-lo caso ele insistisse com aquela ideia. Ele então os deixou e caminhou na direção da luz.

"A TERRA É AZUL!"

Quando viu a Terra pela primeira vez do espaço, o astronauta russo Yuri Gagarin disse essa bonita frase, que depois ficou muito famosa. De certo modo, dá para dizer que ele olhou o nosso planeta com os olhos de uma criança, não dá?

"TUDO O QUE VEMOS É SOMENTE A SOMBRA DE UMA REALIDADE MAIS PERFEITA." (PLATÃO)

No mundo das ideias imaginado por Platão, o Baltazar não seria um mendigo, mas um modelo de ser humano perfeito e eterno. Não se preocupe se você estiver achando tudo isso estranho – é estranho mesmo e muitas vezes não compreendemos tudo da primeira vez.

Mas, voltando ao Baltazar, o homem que as pessoas viam na rua, segundo o maluco do Platão, seria apenas uma sombra, uma cópia imperfeita do verdadeiro Baltazar que existe no mundo das ideias.

SÓ QUE NÃO!

É muito conhecida a expressão "amor platônico" para se referir a uma pessoa que está interessada em outra, mas não se declara a ela. Trata-se de um amor a distância.

Mas não é esse o amor idealizado por Platão. O amor descrito por ele era um amor espiritual, mais ligado à amizade do que ao amor físico, e não tinha a ver necessariamente com se declarar ou não a uma pessoa.

"EUREKA!"

Até bem pouco tempo, quando as pessoas descobriam alguma coisa ou encontravam a solução para um problema, elas costumavam gritar a expressão "Eureka!", que em grego significa "Encontrei!". Hoje essa expressão anda meio esquecida, mas a história da sua origem é bem interessante.

Dizem os antigos que o matemático Arquimedes de Siracusa estava em sua banheira quando, ao emergir um objeto na água da banheira, sem querer descobriu um modo de medir o volume dos corpos. Ele ficou tão feliz com seu achado que saiu nu pelas ruas de Siracusa gritando "Eureka!", "Eureka!"...

Dá pra imaginar a cena?

Mas também não há problema algum em pensar no amor platônico do jeito que pensamos hoje. Se a gente for ver, amar alguém a distância, sem se declarar, também é uma forma de amor espiritual.

Se Platão vivesse nos dias de hoje, ele ficaria escandalizado com as cópias alteradas do quadro *Monalisa* que são postadas nas redes sociais. A Monalisa – seu nome verdadeiro era Gioconda –, como sabemos, é aquela mulher de sorriso enigmático que o pintor Leonardo da Vinci retratou em um quadro, no início do século 16.

Platão achava, como já dissemos, que tudo o que existe no mundo são cópias imperfeitas de um mundo superior. Ele consideraria uma pintura como a *Monalisa*, por exemplo, uma cópia da cópia, pois o quadro reproduz uma mulher – a Gioconda – que existia de verdade e que serviu de modelo para a pintura.

O estranhamento de Platão seria porque, ao fazer uma paródia do famoso quadro de Da Vinci, seus autores estariam fazendo uma cópia da cópia da cópia! Isso seria demais para o velho filósofo!

Aliás, você sabe o que é uma paródia? Que tal olhar essa palavra no dicionário?

Fernando Botero. *Monalisa*, 1978. Óleo sobre lona, 186 x 166 cm.

© FirstShot/Alamy/Latinstock

Algumas ideias do mundo perfeito de Platão, como eternidade, infinito e perfeição, costumam povoar a mente dos poetas e artistas. Não é por acaso que se diz que os artistas, poetas e filósofos vivem no mundo da Lua ou com a cabeça nas nuvens. De certo modo, eles não são mesmo deste mundo.

Na delicada canção *O rato*, do grupo Palavra Cantada, que você pode procurar e ouvir na internet, um ratinho romântico procura alguém com quem se casar. Ele imagina uma noiva perfeita, que vive num mundo só acessível pela imaginação, mas acaba se casando com uma ratinha que vive no mundo real, tão imperfeita como ele.

Para ver o vídeo da canção *O rato*, acesse o endereço:
https://www.youtube.com/watch?v=E-rXYoax6oM
(acesso em: 24 fev. 2016).

PENSANDO EM QUADRINHOS

Os personagens da série Níquel Náusea, do cartunista Fernando Gonsales, não estão se entendendo sobre a realidade.

ATIVIDADES

1. Por que você acha que a mãe do Mateus e da Fernanda os ameaçava dizendo que chamaria o Baltazar?

2. Na sua opinião, por que o Mateus se surpreendeu quando o Baltazar disse que também colecionava figurinhas quando era criança?

3. Depois de ler a história e saber o que é o senso comum, procure identificar no seu dia a dia alguns fatos que você considera senso comum. Procure olhar para eles de outro modo, de outro ângulo. Tente buscar a história deles.

O RITUAL

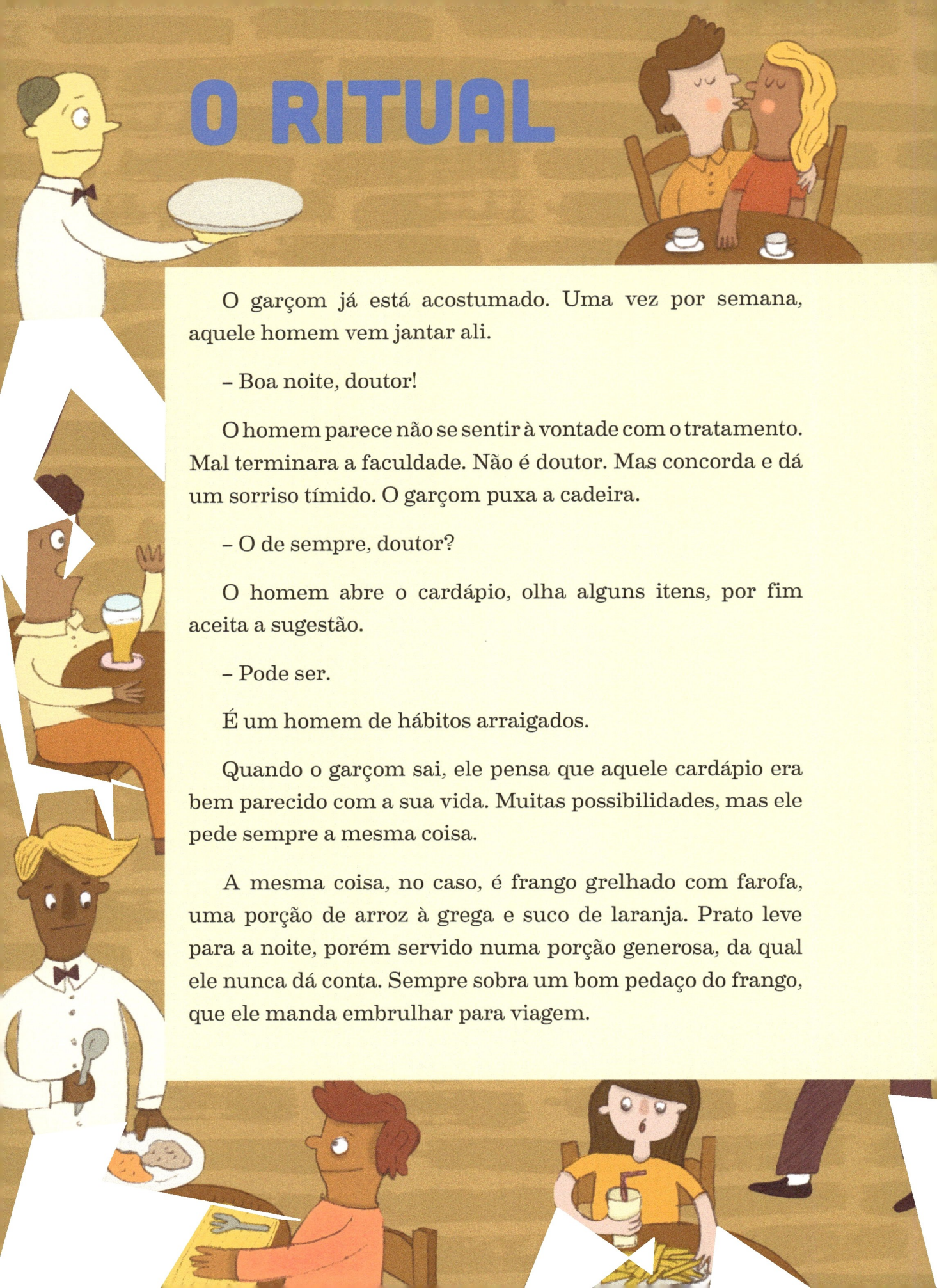

O garçom já está acostumado. Uma vez por semana, aquele homem vem jantar ali.

– Boa noite, doutor!

O homem parece não se sentir à vontade com o tratamento. Mal terminara a faculdade. Não é doutor. Mas concorda e dá um sorriso tímido. O garçom puxa a cadeira.

– O de sempre, doutor?

O homem abre o cardápio, olha alguns itens, por fim aceita a sugestão.

– Pode ser.

É um homem de hábitos arraigados.

Quando o garçom sai, ele pensa que aquele cardápio era bem parecido com a sua vida. Muitas possibilidades, mas ele pede sempre a mesma coisa.

A mesma coisa, no caso, é frango grelhado com farofa, uma porção de arroz à grega e suco de laranja. Prato leve para a noite, porém servido numa porção generosa, da qual ele nunca dá conta. Sempre sobra um bom pedaço do frango, que ele manda embrulhar para viagem.

Mas ele nunca leva o embrulho para casa. Assim que deixa o restaurante, começa para ele um prazeroso ritual. Ele sai pelo entorno à procura de um morador de rua a quem entregar o que sobrou do jantar.

Na região em que mora, àquela hora da noite, muitos mendigos já desistiram de fuçar os sacos de lixo em busca de alimento. Só lhes resta estirar o corpo na calçada e dormir para esquecer a fome.

Na maioria das vezes, o homem não tem dificuldade em encontrar um morador de rua para entregar a quentinha. Alguns agradecem, outros, não. Ele não se importa. Aqueles são seus melhores fins de noite. Ali sua vida ganha sentido. É pouco, ele sabe. Mas a satisfação compensa.

Naquela noite, porém, aconteceu um imprevisto. Depois de deixar o restaurante, ele não encontrou nenhum mendigo na rua. Andou quase três quarteirões e nada. De repente se viu ali, com aquele embrulho na mão, sem saber o que fazer com ele.

Resolveu descer até a estação do metrô. Lembrou que ali sempre há mendigos sob a marquise. Ao se aproximar, constatou que sua memória não o enganara. Havia pelo

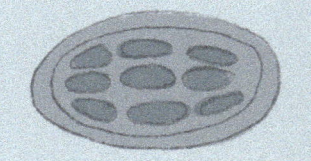

menos quatro homens estirados junto à parede de concreto, enrolados em mantas grossas e sujas.

Ele se aproximou. Um deles, percebendo sua intenção, se preparou para receber o embrulho. Ele o entregou e logo atravessou a rua para pegar um táxi. Naquela caminhada à procura de um mendigo, havia se distanciado do seu trajeto.

Ao chegar do outro lado, virou-se para observar o efeito de sua ação. Não era nada, ele sabia. Um simples gesto virtuoso, perdido na noite. Mas um gesto virtuoso. Virtuoso e anônimo, isso é que valia. Ninguém precisava saber.

O que ele viu, porém, coroou sua noite. O homem a quem ele entregara o embrulho tirou um pedaço do frango e o entregou ao companheiro do lado. Este, por sua vez, fez o mesmo e passou a outro parceiro, que, após arrancar a sua parte, passou o que restara ao quarto mendigo, até que todos receberam o seu pedaço.

Tema: A virtude

Você já viu mendigos pedindo esmolas nas ruas ou crianças vendendo balas nos cruzamentos para ganhar uns trocados? Pois é, a gente não gostaria que existissem pessoas nessas condições, mas na realidade elas existem.

O que você sente ao vê-las?

Nem todas as coisas que vemos nas ruas são legais. Você já se perguntou por que isso acontece?

A liberdade de escolher entre o justo e o injusto, o bem e o mal, a solidariedade e o egoísmo é que dá sentido ao sentimento chamado *virtude*.

QUE TAL, ANTES DE CONTINUARMOS A FALAR DE VIRTUDE, VER NO DICIONÁRIO O QUE SIGNIFICA ESSA PALAVRA?

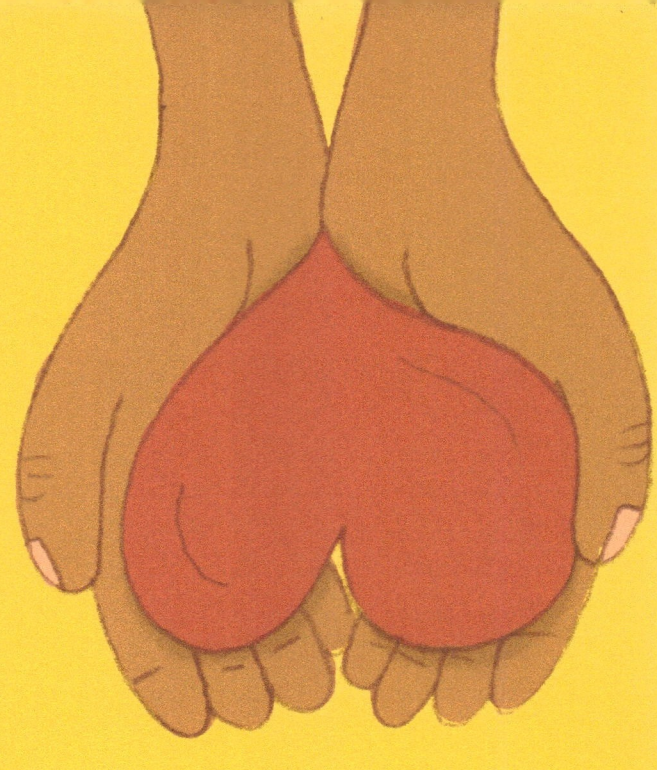

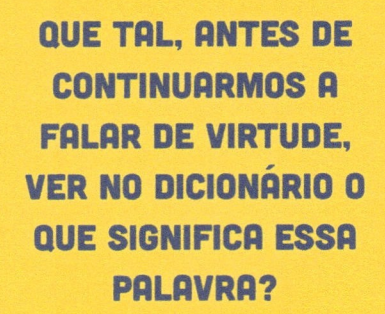

A virtude só tem valor quando conhecemos os dois lados da moeda, o lado bom e o lado mau, e optamos pelo lado bom.

Essa opção pelo bem às vezes é algo que já está em nós, que nasce conosco, e outras vezes é algo que adquirimos, algo que aprendemos na convivência com as outras pessoas.

Quando as crianças veem mendigos nas ruas ou crianças dormindo nas calçadas, elas começam a perceber que no mundo em que vivemos, infelizmente, não existem apenas coisas boas, belas e justas.

O filósofo grego Aristóteles acreditava que, para ser virtuosa, uma pessoa deve cultivar hábitos como a coragem, a lealdade, a compaixão, o senso de justiça.

Para ele, são esses hábitos que levam as pessoas a praticar o bem para si e para os outros, que as conduzem à felicidade, que é a finalidade de uma vida virtuosa.

Vamos conhecer um pouco desse filósofo:

Aristóteles (384-322 a.C.) nasceu em Estagira, na Macedônia. Aos dezessete anos, ele ingressou na Academia de Platão, em Atenas, onde estudou por dezenove anos, tornando-se o discípulo mais importante desse filósofo. Depois que Platão morreu, ele fundou sua própria escola, o Liceu. Como você deve ter percebido, era muito comum que um filósofo tivesse a sua escola, assim como Platão tinha a Academia e Aristóteles, o Liceu.

Aristóteles escreveu sobre um monte de assuntos: ética, política, lógica, metafísica e estética, entre outros. Ele gostava de classificar tudo: gente, bicho, filósofos, leis, costumes. Nosso filósofo era meio assim, uma espécie de faz-tudo da filosofia.

Na história que você leu, o personagem realiza uma atitude virtuosa uma vez por semana, distribuindo a sobra do seu jantar. Pelo que vimos, é um ato que faz bem a ele próprio e a outros seres humanos.

Agora, o que torna a ação do personagem ainda mais virtuosa é que ele faz questão de que ninguém fique sabendo. Isso não é bacana?

Você já praticou uma boa ação e não contou pra ninguém? Se não quiser contar, tudo bem, a gente entende.

Aristóteles jamais seria o roteirista de uma história em que existissem de um lado somente o bem e de outro somente o mal. Segundo ele, em tudo existe o meio-termo. Aristóteles acreditava que ninguém é totalmente bom ou totalmente mau, mas que somos um pouco de cada coisa.

Você concorda com ele?

Do mesmo modo, afirmava que os pequenos prazeres da vida não passam de alegrias momentâneas. Para ele, são necessários muitos pequenos prazeres para que se possa atingir a felicidade. Assim como são necessárias muitas andorinhas para que se perceba o início do verão. Daí uma frase dele que ficou famosa:

"UMA ANDORINHA SÓ NÃO FAZ VERÃO."

Mas essa frase costuma ser citada para dizer outra coisa, um pouco diferente do significado que Aristóteles quis dar: que, para realizar algo, é preciso a união de muitas pessoas.

Isso acontece, às vezes: uma pessoa diz uma coisa com um significado e com o tempo o que ela disse passa a significar outra coisa. Lembra do amor platônico?

INATA OU ADQUIRIDA?

Quando uma característica ou habilidade já nasce com a pessoa, dizemos que essa característica ou habilidade é *inata*. Quando a pessoa cultiva ou desenvolve uma habilidade ou característica, dizemos que ela é *adquirida*.

Em geral, somos uma mistura das duas coisas: daquilo que trazemos de nascença, como herança de nossos pais, e daquilo que adquirimos ao longo da vida, pela experiência.

PARA SABER MAIS

EM SUA ESCOLA, O LICEU, NÃO PENSE QUE ARISTÓTELES DAVA AULA COMO NOS DIAS DE HOJE, EM SALAS COM LOUSA, CARTEIRAS E HORÁRIO PARA O INTERVALO. ELE SAÍA EM LONGAS CAMINHADAS COM UM OU MAIS ALUNOS PELOS PÁTIOS E CORREDORES DO LICEU E DAVA AULA ENQUANTO CONVERSAVA. NÃO É DIFERENTE? AGORA, OLHA SÓ: COMO ESSES CORREDORES SE CHAMAVAM *PERIPATHOS*, ESSAS AULAS ERAM CONHECIDAS POR UM NOME MEIO ENGRAÇADO: "PERIPATÉTICAS", QUE SIGNIFICA "AQUELES QUE ANDAM". QUEM SABE UM DIA SEU PROFESSOR OU PROFESSORA NÃO RESOLVA DAR UMA AULA PERIPATÉTICA?

Sabe aquelas expressões ou palavras – como "por favor", "com licença" e "obrigado"– que no dia a dia nem sempre lembramos de usar? Ou pequenos gestos, como ceder lugar no ônibus, no metrô, ou ajudar alguém a atravessar a rua? Pois é, muitas vezes são atitudes como essas que tornam o cotidiano mais leve. Que outras palavras e gestos como esses você costuma presenciar em seu dia a dia?

TENSO...

Você já reparou que as histórias em quadrinhos e os filmes de animação costumam ter um mocinho e um bandido ou um herói e um vilão? Esses personagens, que lutam o tempo todo um contra o outro, costumam encarnar o bem e o mal. Mas pense bem: será que a realidade é feita só desses dois sentimentos opostos? Será que o bonzinho nunca cometeu uma maldadezinha em algum momento e o vilão nunca praticou um ato altruísta em sua vida?

Por falar nisso, você sabe o que é altruísmo? Se não, corra ao dicionário!

Os personagens Peter Pan e Capitão Gancho.

© Disney/Moviestsore Collection/Easypix

ALTERIDADE

No dicionário, a palavra *alteridade* (do latim *alter*, "outro") significa a capacidade que uma pessoa tem de se colocar no lugar da outra, de sentir o que ela sente ou sentir *compaixão* por ela. O vocábulo *compaixão* (do latim, *compassio*), por sua vez, quer dizer "piedade".

FALANDO NISSO, PODEMOS DIZER QUE O PERSONAGEM DA HISTÓRIA "O RITUAL" AGIU COM ALTERIDADE E COMPAIXÃO?

PARA SABER MAIS

SÓCRATES ERA MESTRE DE PLATÃO, QUE ERA MESTRE DE ARISTÓTELES. OU, INVERTENDO A ORDEM: ARISTÓTELES ERA DISCÍPULO DE PLATÃO, QUE ERA DISCÍPULO DE SÓCRATES. DISCÍPULO OU PUPILO É A MESMA COISA QUE ALUNO. MESTRE É A MESMA COISA QUE PROFESSOR. ANTIGAMENTE, ERA TRADIÇÃO QUE UM FILÓSOFO FOSSE O MESTRE DE UM OU MAIS DISCÍPULOS E QUE OS DISCÍPULOS, MAIS TARDE, SE TORNASSEM MESTRES. AINDA HOJE EXISTE ESSA TRADIÇÃO. A FUNÇÃO DO DISCÍPULO É ESTUDAR O PENSAMENTO DO SEU MESTRE E DEPOIS DIVULGÁ-LO. MAS NEM SEMPRE O DISCÍPULO CONCORDA COM TUDO O QUE O MESTRE DIZ. MUITAS VEZES ELE CRIA UMA FILOSOFIA ATÉ CONTRÁRIA AO PENSAMENTO DO SEU MENTOR. MAS ISSO NÃO SIGNIFICA "TRAIÇÃO", É O MOVIMENTO NATURAL DOS FILÓSOFOS DE SEMPRE QUESTIONAR AS COISAS.

Basta olhar em volta para descobrir virtudes em muitas pessoas que você conhece. É bem bacana quando um ato virtuoso nos inspira. Ou quando uma característica virtuosa em uma pessoa desperta em nós a vontade de tomá-la como modelo.

Os compositores Chico Buarque e Edu Lobo fizeram uma música falando das virtudes de uma bailarina imaginária. Perceba que essa bailarina tem todas as virtudes que nós, que não somos bailarinos, não temos.

Para ouvir essa canção, na voz da cantora Adriana Calcanhoto, acesse o endereço:

https://www.youtube.com/watch?v=W1Oy9wF_BLQ (acesso em: 24 fev. 2016).

PENSANDO EM QUADRINHOS

O cãozinho Snoopy parece saber que um gesto virtuoso tem muito valor.

Você já ouviu falar no Mito de Narciso?

Narciso era um belo jovem que não enxergava ninguém, a não ser a si mesmo. E por isso era incapaz de amar outra pessoa, tão apaixonado estava por ele mesmo.

Um dia, ao se ver refletido nas águas límpidas de um lago, ficou tão encantado com sua imagem que, ao se aproximar da água, caiu e morreu afogado.

Gostou da história?

O Mito de Narciso deu origem à palavra *narcisismo*, que caracteriza as pessoas que são incapazes de enxergar os outros, pois só enxergam elas próprias. E isso não apenas em um relacionamento amoroso, mas também nas relações do dia a dia.

Da mesma forma, os narcisistas são incapazes de se colocar no lugar das outras pessoas, de sentir o sofrimento delas.

Você percebeu que o narcisista é exatamente o contrário de alguém que possui alteridade?

John William Waterhouse. *Eco e Narciso*, 1903. Óleo sobre tela, 107,5 x 236 cm (detalhe).

É LÓGICO!

Tente imaginar um círculo quadrado. Será que você é capaz? Na verdade, é impossível imaginar uma figura geométrica assim. Ou o círculo é um círculo ou não é um círculo, oras! Se tiver a forma de um quadrado, não será um círculo, mas um quadrado.

Além de pensar sobre assuntos que envolvem a ética e a moral, Aristóteles estudou sobre uma quantidade enorme de assuntos, você iria ficar cansado só de saber. Entre esses assuntos está a *lógica*.

Pela lógica, Aristóteles concluiu que só podemos pensar sobre aquilo que existe. O que não pode ser pensado, como o círculo quadrado, não pode existir.

ATIVIDADES

1. Procure identificar em você uma habilidade que considere inata e uma que seja adquirida.

2. Em grupo, pesquisem uma expressão bastante conhecida hoje em dia: a "banalização do mal". Uma dica: procurem antes, no dicionário, o significado da palavra *banalização*. Depois façam a pesquisa e deem exemplos tirados da realidade.

NA FEIRA

Quando eu tinha doze anos, gostava muito de empinar pipas. Às vezes, uma linha solta, vista através da janela, já era suficiente para me deixar alucinado.

Um dia, em vez de continuar empinando as pipas, comecei a fazê-las para vender. O pai gostou da novidade. Viu naquilo uma iniciativa saudável.

– E onde você vai vender as pipas? – ele quis saber.

– Na feira de domingo – respondi, dando a entender que a ideia estava mais amadurecida do que ele imaginava.

O pai ajudou nos custos da produção. Comprou cola, dois carretéis de linha 24 e folhas de papel de seda de várias cores. Sabia que eu teria que fazer pipas vistosas, combinando as cores para impressionar os compradores.

Passei aquela semana ansioso. Nem ligava para as pipas que dançavam no céu. Mal chegava da escola, já armava no chão os apetrechos da minha improvisada oficina.

O domingo, enfim, chegou. Minha produção tinha sido boa. Eu e o pai saímos de casa às seis da manhã com duas sacolas recheadas de pipas. O percurso era longo, e nós tomamos cuidado para não amassar os quadrados.

Achamos um pequeno espaço no fim da feira, ao lado da barraca de pastel, para não incomodar ninguém. Mas só depois das nove horas é que começaram a surgir os primeiros interessados. Eu percebia de longe quando o olhar dos meninos descobria o colorido das pipas no chão. Eu conhecia aquela magia.

– Quanto é? – arriscavam alguns, após uma breve inspeção.

– Dois cruzeiros.

Eles davam meia-volta, consultavam a mãe ou o pai e, diante da recusa, nem olhavam para trás, uma cena que se repetiu umas cinco ou seis vezes ao longo da manhã.

Perto de onze horas, percebendo meu abatimento, o pai perguntou se eu estava com fome. Eu disse que não.

– Nem um pastel?

– Não tô com fome – menti.

Quando deu meio-dia, ele insinuou que podíamos parar por ora.

– A gente volta no domingo que vem – o pai falou. – Primeira vez é assim mesmo.

Acabrunhado, recolhi as pipas, coloquei de volta nas sacolas, enquanto o pai pedia um pastel na barraca ao lado. Pus as sacolas no chão, sentei numa cadeira de plástico e esperei ele comer o pastel.

– Não quer mesmo? Está ótimo.

Meneei a cabeça em negativa, embora meu estômago roncasse.

Quando ele terminou de comer, pegamos as sacolas e tomamos o caminho de volta.

Percorri aquele longo trecho ruminando minha inconsolável frustração. Minha ideia era nunca mais voltar à feira. Pegar todas aquelas pipas, fazer uma rabiola bem comprida para cada uma e empinar todas elas.

Mas, ao ver o pai ali, firme, sereno, solidário, mudei de ideia. E resolvi que no domingo seguinte estaria de volta. Não tanto por mim, mas pelo pai. Ele estava certo: primeiro dia é assim mesmo.

Na semana seguinte, voltamos à feira e vendemos três pipas. Não era muito, mas já era alguma coisa. Quando deu meio-dia, recolhemos as pipas e fomos comer pastel. O pai pediu um de queijo, e eu, um de carne. E fui eu que paguei.

Tema: O trabalho

Alguns jovens despertam cedo para o desejo de trabalhar e ganhar o seu próprio dinheiro. Muitos costumam fazer pequenos trabalhos sem vínculo de emprego, apenas para satisfazer esse desejo.

No Brasil, pela lei, jovens até 18 anos não podem trabalhar. Como saber, então, em que situações eles podem realizar pequenos trabalhos sem atrapalhar os estudos e as brincadeiras com os amigos?

Coisas que as crianças podem fazer:

Coisas que as crianças não devem fazer:

O trabalho faz parte da vida. Ele nasceu com a humanidade.

Quando o homem das cavernas esfregava um graveto no outro para obter fogo ou caçava animais para se alimentar, já estava realizando um tipo de trabalho. Mas ele não pensava que estava trabalhando, apenas que precisava sobreviver.

O interessante é que foi com o trabalho que o ser humano construiu tudo o que conhecemos: as ferramentas, os edifícios, as estradas, as plantações, as escolas, as leis, as obras de arte.

Mas, ao criar a ideia de trabalho, os seres humanos criaram também o domínio de uns sobre os outros, e daí surgiram a competição e a desigualdade entre as pessoas.

VOCÊ TEM UM *HOBBY*?

Quando não estão estudando, muitos jovens costumam se dedicar a um tipo de atividade muito prazerosa: eles cultivam um *hobby*.

Uns tocam violão, outros colecionam selos, alguns gostam de montar e desmontar aparelhos eletrônicos ou pequenas máquinas, enquanto outros gostam de desenhar e outros ainda escrevem um diário pessoal.

E você, tem algum *hobby*?

Um dos filósofos que pensou sobre o trabalho foi o alemão Karl Marx. Na época em que ele viveu, o século 19, o trabalho já tinha se tornado uma coisa muito complicada.

Olha o Marx aí, com sua grande barba, muito comum entre os homens da sua época.

Karl Marx (1818-1883) foi um filósofo e sociólogo alemão. Ele estudou direito, trabalhou como jornalista, foi militante político e teve um grande amigo, Friedrich Engels, com quem escreveu alguns livros. Engels era de família rica e ajudou Marx nos momentos de dificuldade financeira.

Marx morou em Paris, Bruxelas e Londres. Na capital inglesa, aliás, ele escreveu sua grande obra, *O capital*.

Marx mostrou que, no mundo do trabalho, existiam dois tipos de pessoas com objetivos bem diferentes: os donos das fábricas e das máquinas (os industriais) e aqueles que só tinham a força de seus braços e pernas (os proletários, ou seja, os trabalhadores).

Para Marx, são os trabalhadores que constroem tudo o que existe no mundo. Ele também dizia que, por serem em maior número, os trabalhadores deveriam tomar o poder.

Em um de seus livros, ele escreveu uma de suas frases mais famosas:

"TRABALHADORES DO MUNDO INTEIRO, UNI-VOS!"

Nas greves de hoje, os trabalhadores gostam de gritar outra frase, bem parecida com essa do Marx: "O povo, unido, jamais será vencido!".

CURTO–CIRCUITO

A diferença entre a vida dos industriais e a dos trabalhadores criou a luta de classes. Você já ouviu falar nisso?

De acordo com Marx, a classe dos industriais só pensa no lucro, enquanto a classe dos trabalhadores luta por melhores condições de vida. É por causa disso que acontecem as greves, promovidas pelos trabalhadores, pois os interesses dessas classes são diferentes.

Converse com seus pais ou responsáveis sobre as greves. Talvez eles já tenham participado de alguma.

TÁ OSSO!

Você já ouviu algum adulto reclamar do salário?

Para Marx, o salário é a parte menor do valor do trabalho que o trabalhador realiza. A parte maior fica com o dono da fábrica. Marx não achava isso justo.

Em geral, é por causa do salário que os patrões e os empregados não se entendem. E aí acontecem as greves.

PARA SABER MAIS

VOCÊ POR ACASO SABE DE ONDE VEM A PALAVRA *TRABALHO*? BEM ANTIGAMENTE, O TRABALHO ESTAVA RELACIONADO A SOFRIMENTO E TORTURA. A PALAVRA *TRABALHO* TEM ORIGEM NO VOCÁBULO LATINO *TRIPALLIUM*, QUE SIGNIFICA EXATAMENTE "INSTRUMENTO DE TORTURA".

Tempos Modernos, 1936.

© Album Cinema/Latinstock

Talvez você já tenha assistido ao filme *Tempos modernos,* com o ator Charles Chaplin, que no Brasil ficou conhecido como Carlitos. Se já assistiu, nunca é demais ver de novo. Se não, fica a dica.

O filme mostra de maneira bem-humorada o lado torturante do trabalho. Aqui vai um pouquinho do enredo.

Um operário, vivido por Chaplin, trabalha numa fábrica onde sua função é apertar parafusos. De tanto fazer o mesmo trabalho todos os dias, seu próprio corpo começa a repetir o movimento de apertar parafusos, mesmo quando ele não está na fábrica.

Este era apenas um dos aspectos ruins da vida dos trabalhadores no comecinho do século 20, época do auge das fábricas.

Será que hoje ainda é assim?

Desde antes da época em que Marx viveu, a vida dos trabalhadores sempre foi difícil e sofrida. Mas eles sempre deram um jeito de torná-la alegre e divertida, até para suportar a dura jornada.

O cantor e compositor paraibano Chico Cesar fez uma música, chamada *Mama África*, contando como é a rotina de sua mãe, mulher pobre, nordestina, descendente de africanos, que precisa trabalhar fora e em casa para criar os filhos. Um bom retrato das mulheres que trabalham no Brasil.

Você pode ouvir a canção no endereço:

https://www.youtube.com/watch?v=oBdmw_4IjAw

(acesso em: 24 fev. 2016).

Se preferir, procure a letra da canção antes de ouvi-la.

PENSANDO EM QUADRINHOS

© Fernando Gonsales

A tirinha brinca com a moral da história da fábula A *formiga e a cigarra*. Afinal de contas, fazer arte também não é uma forma de trabalho?

ATIVIDADES

1. Você realiza algum tipo de trabalho em sua casa? Explique com detalhes o que você faz.

2. O que você pensa quando vê nos noticiários reportagens sobre crianças que trabalham para ajudar em casa ou que são exploradas por adultos?

3. Se você tivesse a ideia de vender alguma coisa na feira, o que venderia?

FIM DE PAPO OU COMEÇO DE OUTRO

Agora que você leu as histórias e conheceu alguns filósofos e suas ideias, que tal conversar com seus colegas sobre o que acharam bacana no livro? Pode ter sido uma das histórias, a ação de algum personagem, uma ideia, o hábito de um dos filósofos, um poema ou letra de música, uma fotografia, ilustração ou obra de arte.

Um dos baratos do conhecimento é que podemos compartilhar o que aprendemos com outras pessoas. Assim como você faz nas redes sociais ao compartilhar uma foto, uma música ou uma simples mensagem. Lembre-se de que somos seres humanos, e só existimos quando interagimos com os outros. É somente na convivência com as demais pessoas que podemos extrair informações do mundo e formar nossa opinião – sobre o mundo e sobre as pessoas –, e assim enriquecer nosso conhecimento e aplicá-lo para que a vida seja prazerosa e divertida.

A filosofia não existe para impor regras, mas para contribuir com esse movimento em direção ao saber. Lembre-se de que, na escola, você aprende a aprender, uma oportunidade que somente nós, humanos, temos, uma vez que somente nós fazemos uso da razão.

Então, o que você está esperando?

SOBRE O AUTOR

Nasci em 1963, em São Paulo, onde moro desde sempre. Logo cedo me envolvi com os livros, e do contato com as palavras veio o gosto pela escrita e pelo pensamento – duas coisas que costumam andar juntas. Mas não me formei em filosofia. Na juventude, lia tantos livros que achei que não precisava cursar faculdade – os livros me bastavam. Nascia assim a forma como passei a ver a mim mesmo: um autodidata, aquele que busca o conhecimento por prazer, e não por causa de um diploma.

No finalzinho da década de 1980, entrei para o mercado editorial, ao mesmo tempo que escrevia minhas histórias. Por muitos anos editei os livros da filósofa brasileira Marilena Chaui, a quem devo muito do que aprendi em filosofia. Mais tarde, me rendi ao diploma: me formei em jornalismo (outra paixão) e fiz pós-graduação em ciências humanas. Mas nunca deixei de me considerar um autodidata.

Este é o meu terceiro livro de filosofia para crianças e jovens. O primeiro, *Eu pensava...*, publicado em 1994, já tratava da relação da criança com o pensamento. Depois vieram alguns romances juvenis e livros de contos e crônicas. Meus personagens estão sempre questionando as coisas, os acontecimentos, as contradições da existência. Em 2010, meu livro de contos *O cobrador que lia Heidegger* fez parte do catálogo brasileiro na Feira de Bolonha. Em 2014, voltei a escrever filosofia para adolescentes com o livro *Histórias do dia a dia – Um toque de filosofia*, publicado pela Editora Moderna.

Espero que curtam este novo livro, como eu curti escrevê-lo.

Samir Thomaz

Samir é jornalista formado pela Faculdade Cásper Líbero (SP)
com especialização em Globalização e Cultura pela Escola de Sociologia
e Política de São Paulo (FESP), editor e autor de ficção e não ficção.